Europa und die Welt um 1500

Vorgeschichte oder
Beginn der Moderne?

Handreichungen für den Unterricht

Erarbeitet von
Dr. Hans-Georg Hofacker

Cornelsen

Kurshefte Geschichte
Europa und die Welt um 1500
Vorgeschichte oder Beginn der Moderne?

Handreichungen für den Unterricht

Die Handreichung wurde erarbeitet von
Dr. Hans-Georg Hofacker

Redaktion: Dr. Christine Keitz
Umschlaggestaltung: Knut Waisznor (Umschlagbild: Gemälde von Tito Lessi, Der Dichter John Milton besucht Galilei, 1880)
Gestaltung und technische Umsetzung: Gerd Sadzinski, Berlin

www.cornelsen.de

1. Auflage, 5. Druck 2011

Druck: H. Heenemann, Berlin

ISBN 978-3-464-64824-7

Inhalt gedruckt auf säurefreiem Papier aus nachhaltiger Forstwirtschaft.

Inhalt

Aktualitätendienst: www.cornelsen.de/geschichte

Zur Gesamtkonzeption der Reihe *Kurshefte Geschichte*

Die ***Kurshefte Geschichte*** sind thematisch orientierte Quellensammlungen für den Geschichtsunterricht in der Sekundarstufe II. Die Reihe legt bei der Themenwahl den Schwerpunkt auf epochenbezogene Längsschnitte und eignet sich für Grund- und Leistungskurse.
Im Zentrum der problemorientierten Kapitel stehen die umfangreichen Quellensammlungen. Gemeinsam mit den kurzen Darstellungstexten sowie den Sonderseiten „Themen und Methoden" und „Weiterführende Arbeitsanregungen" verstehen sie sich als Angebote für einen methoden-, handlungs- und gegenwartsorientierten Geschichtsunterricht in der Oberstufe.
Darüber hinaus wollen die ***Kurshefte Geschichte*** bei Schülerinnen und Schülern historisch-politische Interessen wecken und das selbstständige Arbeiten fördern. Aus diesem Grund gehört zu jedem Heft ein umfassender Serviceanhang, und das Internet wird an ausgewählten Stellen der Kapitel thematisch gezielt mit eingebunden.

Die ***Titel der Reihe Kurshefte Geschichte*** decken alle Zeiträume von der Antike bis zur Gegenwart ab und berücksichtigen regionale, nationale, europäische und außereuropäische Handlungs- und Kulturräume, z. B.:
- Demokratie in Athen: Die attische Demokratie – Vorbild der Moderne?
- Das Römische Reich: Politik und Alltag
- Das Mittelalter: Materialien zur Geschichte und Geschichtskultur einer Epoche
- Europa und die Welt um 1500
- Die Französische Revolution
- Revolutionen in Europa: 1789 – 1917 – 1989
- Industrielle Revolution und Moderne um 1900
- Die Russische Revolution und die Sowjetunion
- Die Weimarer Republik: Politik und Gesellschaft in Zeiten des Umbruchs
- Der Nationalsozialismus: Die Zeit der NS-Herrschaft und ihre Bedeutung für die deutsche Geschichte
- Deutschland nach 1945: Geteilt und doch verflochten?
- Europa im 20. Jahrhundert: Die europäische Einigungsbewegung und das Europa der Menschen- und Bürgerrechte
- China: Kaiserreich und Moderne
- Die islamische Welt und Europa
- Die Geschichte der USA

Hilfen für Lehrerinnen und Lehrer bieten die ***Handreichungen für den Unterricht***. Sie erscheinen zu jedem Titel der Reihe und enthalten Erläuterungen und Tafelbilder zu allen Materialien eines Heftes.

Die Elemente der Kapitel und die Angebote der Serviceseiten im Schülerbuch

Darstellungen

Jedes Kapitel beginnt mit einer kurzen Darstellung, die in Probleme und Hintergründe des Kapitelthemas einführt.

Kästen „Hinweise zur Arbeit mit den Materialien"

Um Themenschwerpunkte gemeinsam mit dem Kurs festzulegen, gehen dem Materialteil „Hinweise zur Arbeit mit den Materialien" voraus. In den farbig unterlegten Kästen werden die Auswahl der Quellen erläutert, die Themen der Sonderseiten vorgestellt und Anregungen für Leitfragen, Methodenschwerpunkte und Partner- oder Gruppenarbeiten gegeben.

Materialteile

Die umfassenden Materialteile berücksichtigen geschichtliche Zeugnisse aller Art: autobiografische Texte, interne Protokolle, Reden, Gesetze, Zeitungsberichte, Karikaturen, Gemälde, Plakate, Skulpturen, Fotografien, Statistiken, Sekundärtexte. Einzeln oder thematisch gruppiert und durch Arbeitsaufträge verknüpft, können sie vertiefend, erweiternd oder kontrastierend eingesetzt werden; auch bieten sie Anregungen für ideologiekritische und theoriegeleitete Verfahrensweisen. Der Zugriff auf die verschiedenen Dimensionen der Geschichte – Politik, Gesellschaft, Wirtschaft, Kultur, Alltag, Umwelt, Geschlechterrol en – wird in den Kapiteln unterschiedlich gewichtet.

Sonderseiten „Themen und Methoden"

Unter der Rubrik „Themen und Methoden" werden auf den gelb umrandeten Seiten Materialien für die fachspezifische Methodenarbeit angeboten (Rubrik „Methoden") und interessante Zugriffsweisen vorgestellt, z. B. Fallanalysen u. a. (Rubrik „Themen").

„Weiterführende Arbeitsanregungen"

Die letzte Seite eines Kapitels (farbig unterlegt) setzt die Schwerpunkte bei der Handlungs- und Gegenwartsorientierung. Hier finden sich Anregungen für Hausarbeiten, Exkursionen, Internetrecherchen, fächerverbindende Themen, Projekte und Präsentationen.

„Zur Wiederholung und Abiturvorbereitung"

Die erste Serviceseite des Anhangs bietet Arbeitsaufträge, die bei der Vorbereitung auf das schriftliche und mündliche Abitur helfen. Eine Probeklausur, die in einem der Kapitel als „Methodensonderseite" gestaltet ist, kann ergänzend hinzugezogen werden.

Facharbeiten

Zu der Frage „Wie und zu welchem Thema schreibe ich eine Facharbeit?" finden Schülerinnen und Schüler Tipps und Anregungen auf einer weiteren Extraseite im Serviceteil.

Zeittafel, Begriffslexikon, Personenlexikon, Sachregister

Um die Auseinandersetzung mit historischen Fachbegriffen und den Zugang zu Daten und biografischen Informationen zu erleichtern, enthält der Anhang eine Zeittafel, ein Begriffslexikon, ein Personenlexikon und ein Sachregister.

Fachliteratur, Internet-Hinweise und Hilfsmittel für Präsentationen und Projekte

Ein methoden- und handlungsorientierter Unterricht bedarf der Stützung durch Print- und elektronische Medien. Hinweise und Tipps finden sich ebenfalls im Serviceteil.

Zur didaktischen Konzeption des Kursheftes „Europa und die Welt um 1500"

Problemaufriss

Die Welt zu Beginn des 21. Jahrhunderts ist eine Welt des beschleunigten Wandels. Der Prozess der Globalisierung lässt sich zwar noch nicht genau definieren; aber der Begriff scheint vielen Menschen und Gesellschaften geeignet, um die als einschneidend empfundenen wirtschaftlichen, technologischen und sozialen Umwälzungen zusammenzufassen und auf den Punkt zu bringen – im Positiven wie im Negativen. Unter den Vorzeichen der Globalisierung finden ehemalige Länder der „Dritten Welt" als so genannte Schwellenländer allmählich Anschluss an die entwickelten Industrienationen bzw. suchen nach eigene Wegen in der Moderne. Gegen die weltweit operierenden Großkonzerne und die Macht der großen Industrienationen opponiert eine neue weltweite Bewegung von Menschen, die sich als „Globalisierungsgegner" bezeichnen.

Die Staatenwelt verändert sich: international seit dem Ende des Ost-West-Konflikts, aus dem die USA als einzig verbliebene Großmacht hervorgegangen sind, national durch die Umstrukturierungen der westlichen Wohlfahrtsstaaten und den Zerfall von Staatlichkeit in den Ländern der „Vierten Welt", insbesondere in Afrika. Der Wandel, der früher unter Begriffen wie „Europäisierung der Welt" oder „Verwestlichung der Welt" geführt wurde, zeigt auch seine Schattenseiten: die Zerstörung traditioneller Gesellschaften und Sozialverbände sowie die Zerstörung der Natur.

|| zu heute

Die Zeit um 1500 – unter der im Folgenden die Zeit vom 15. bis zum 17. Jahrundert gemeint ist – war ebenfalls eine Zeit des beschleunigten Wandels. Zudem war dieser Wandel ein besonderer, da viele Einzelmerkmale die Frage aufwerfen: Begann in dieser Zeit die Moderne oder war es nur eine Vorgeschichte jener Zeit, die unter den Vorzeichen der politischen, technischen und wirtschaftlichen Revolutionen seit Ende des 18. Jahrhunderts historisch als Epoche der Moderne bezeichnet wird?

Themenschwerpunkte

Ausgehend von dieser Problemstellung setzt das Kursheft folgende thematische Schwerpunkte:

- In Kapitel 1 geht es zunächst um Leitfragen, Periodisierungen, Begriffe und Ansätze (Moderne, Modernisierung; Europazentrismus, Exotismus) sowie um zeitgenössische Wahrnehmungen.
- Kapitel 2 bietet Material für eine Spurensuche zu den Gesellschaften Europas um 1500, zu Leitbildern und zum Alltagsleben, zu „Strukturen von langer Dauer" ebenso wie zu Formen des Wandels.
- Von diesem Fundament ausgehend wendet sich Kapitel 3 unter dem Leitbegriff der „Globalisierung" der wirtschaftsgeschichtlichen Dimension der Veränderungen um 1500 zu.
- Die politische Dimension wird in den Kapiteln 4 und 7 behandelt: Zunächst geht es um Merkmale des Staatsbildungsprozesses in Europa (im 15. Jh.), später um den besonderen Einfluss der konfessionellen Auseinandersetzungen auf diesen Prozess (16./17. Jh.).
- Den Wandel der Welt- und Menschenbilder in Europa unter den Vorzeichen von Renaissance und Humanismus behandelt Kapitel 5.
- Die außereuropäische Perspektive wird in Kapitel 6 aufgegriffen, das sich mit den Kulturen Altamerikas beschäftigt sowie mit den Folgen des europäischen Kolonialismus für diesen Kontinent.
- Die Verwissenschaftlichung der Welt im Zeitalter der Erfindungen und der wissenschaftlichen Revolution (16./17. Jh.) ist Thema des letzten, 8. Kapitels. Eine Themensonderseite zu China greift noch einmal die außereuropäische Perspektive vergleichend mit auf.

Zum Einsatz der Materialien in den einzelnen Kapiteln

Siehe dazu im Schülerbuch die Hinweise in den Kästen am Anfang der Materialteile.

Facharbeiten

Tipps und Themen für Facharbeiten sind im Schülerband S. 192 abgedruckt.

Zur Wiederholung und Abiturvorbereitung

Siehe dazu die Arbeitsvorschläge im Schülerband S. 191.

Methodensonderseiten

Mittelalterliche und frühneuzeitliche Statistiken	S. 27
Spuren sichern mit „Theorie": Die „longue durée"	S. 40
Mündliches und schriftliches Referat	S. 62f.
Gesetze und Verordnungen der frühen Neuzeit als historische Quellen	S. 82f.
Die Renaissancemalerei – Regeln und „Sehhilfen"	S. 104f.
Die Kunst des Malers Giotto	S. 106–108
Erkenntnisse gewinnen durch Schlüsselbegriffe: „Konfessionalisierung"	S. 168
„Der Fall Galileo Galilei" – eine Probeklausur	S. 186

Themensonderseiten

Klimageschichte	S. 31–33
Rechnen mit dem Lehrbuch von Adam Ries (1522)	S. 55f.
Zerfällt der Staat? Probleme der Staatsentwicklung am Beginn des 21. Jh.	S. 94f.
Machiavelli und Erasmus – zwei Zeitgenossen der Renaissance im Streit über „gute" Politik	S. 115–117
Beginn der Moderne in der Renaissance – ein Mythos?	S. 119
Moderne Sklaverei? – Ein Bericht aus Brasilien	S. 138f.
Religion und Staat heute – (k)ein Thema?	S. 150
Konfessionen und Alltag: „Vom Ehestand"	S. 165–167
Erforscht – entdeckt – erfunden: Die wissenschaftliche Revolution im Europa der frühen Neuzeit	S. 174
China – ein abgebrochener Weg in die Moderne?	S. 187–189

Präsentationen/Hausarbeiten

Leibeigenschaft in Europa	S. 20, Aufg. 12
Familientraditionen in außereuropäischen Kulturen im Vergleich mit Europa	S. 37, Aufg. 42
Ein Handelshaus aus der Zeit um 1500	S. 61, Aufg. 26
Geldgeschäfte und Kirche – Ansprüche und Wirklichkeiten zwischen Mittelalter und Neuzeit	S. 66, Aufg. 31
Das Landesfürstentum Kleve im 15. und 16. Jh. – ein moderner Staat?	S. 81, Aufg. 12
Der Reichstag des Heiligen Römischen Reiches – ein Vorläufer des Bundestages oder des Bundesrates?	S. 90, Aufg. 35
Die schriftlosen Völker der Karibik	S. 143
Die Maya: Stätten einer Hochkultur	S. 143
Die Inka: Vormachtstellung einer Hochkultur in Südamerika	S. 143
Die indianischen Völker Nordamerikas: zwischen Geschichte und Westernfilm	S. 143
Erfindungen aus der Zeit der wissenschaftlichen Revolution (16./17. Jh.)	S. 174, Aufg. 1
Erfinder-Biografien aus der Zeit der wissenschaftlichen Revolution (16./17. Jh.)	S. 185, Aufg. 26

Handlungsorientierte Angebote

Fächerverbindung	Geschichte – Deutsch: Bertolt Brecht, Das Leben des Galilei	S. 9, Aufg. 4
	Geschichte – Mathematik: Rechnen mit dem Lehrbuch von Adam Ries (1522)	S. 55f.

Recherchen/Projekte	Mittelalterliche Strukturen im heutigen Siedlungsbild unserer Region erforschen	S. 16, Aufg. 7
	Heutige Parteiprogramme nach gesellschaftlichen Leitbildern untersuchen	S. 20, Aufg. 13
	Statistiken zur heutigen Bevölkerungs- und Familienstruktur untersuchen	S. 35, Aufg. 35
	Die Fugger im Internet	S. 61, Aufg. 25
	Die Beziehungen zwischen großen Wirtschaftsunternehmen und der Politik heute	S. 65, Aufg. 29
	Ursachen und Formen moderner Sklaverei	S. 139, Aufg. 26
	Der Dreißigjährige Krieg 1618–1648: Ein Glaubenskrieg und seine Folgen in unserer Region	S. 164, Aufg. 29
	Internetrecherche: Martin Luther	S. 169
	Internetrecherche: Personen der Reformationsgeschichte	S. 169
	Internetrecherche: Dreißigjähriger Krieg und Westfälischer Frieden	S. 169
	„The Galileo Project – an English lesson"	S. 190
	Hexenverfolgungen im Zeitalter der wissenschaftlichen Revolution?	S. 190
Bildnerisches Gestalten	Aspekte des Familienlebens in Alteuropa	S. 39, Aufg. 47
	Unsere Gesellschaft an der Wende zum 21. Jh.	S. 41
	Die Forderungen der Bauern im Bauernkrieg	S. 159, Aufg. 12
	„Fortschritt in der Geschichte"	S. 185, Aufg. 25
Kreatives Schreiben	Zeitungskommentar: Globalisierung der Wirtschaft – Bedrohung oder Chance?	S. l68, Aufg. 38
	Staat und Politik: Zeitungsmeldungen aus der Zeit um 1500 erfinden	S. 96
	Die Ankunft der Europäer bei den Azteken: Parallelberichte verfassen	S. 132, Aufg. 12
Exkursion	Entdeckungsreise in die Renaissance: Vorschlag für eine Exkursion nach Florenz	S. 120
Podiumsdiskussionen	Religion: Schulfach oder Privatangelegenheit?	S. 161, Aufg. 21
	Mehr oder weniger Unterricht in naturwissenschaftlichen Fächern?	S. 185, Aufg. 28

Kapitel 1: Einleitung: Europa und die Welt um 1500

M 1, S. 6
Englisches Flugblatt zur Erfindung des Buchdrucks, um 1490

Siehe die Erläuterungen zu Aufgabe 2.

M 2, S. 7
„Call me ...", Grafik, 1999

Siehe die Erläuterungen zu Aufgabe 2.

M 3, S. 8
Geronimo Cardano, Autobiografie

Zur Person: Geronimo Cardano war einer der bedeutendsten Wissenschaftler der Renaissance. Berühmt wurde er durch Abhandlungen zur Mathematik und durch enzyklopädische Arbeiten über die Naturwissenschaften. Er machte das heute nach ihm benannte und zur Kraftübertragung von einer Welle auf die andere verwendete „Kardangelenk" bekannt.
Zur Quelle: Cardano betrachtet seine Gegenwart als Epochenwende und stützt diese Auffassung auf

- die Erweiterung des geografischen Weltbilds durch die Entdeckungen, die der Kompass (Z. 11) möglich gemacht hat;
- die Erfindung des Schießpulvers, das die Kriegsführung revolutioniert hat;
- die Erfindung des Buchdrucks („erste Medienrevolution").

Wissenschaft und Technik befähigen den Menschen zu immer neuen Fortschritten. Der Text ist Beleg für einen frühen auf Technik und Naturwissenschaft gegründeten Fortschrittsoptimismus. Er betont die Einzigartigkeit der Gegenwart und die Offenheit der Zukunft, die vom Menschen als dem Herrn der Geschichte gestaltet wird.

M 4, S. 8 f.
Winfried Schulze über „Moderne", 1996

Der aus den Sozialwissenschaften stammende Modernisierungsbegriff wurde zunächst auf die Prozesse der Angleichung der Dritten Welt an die europäisch-amerikanische „Moderne" bezogen. Für Europa sind technisch-wissenschaftliche Rationalität, Säkularisierung und Individualisierung Parallelbegriffe. Der Modernisierungsbegriff macht es möglich, kulturelle, soziale und wirtschaftliche Wandlungsprozesse präziser zu erfassen. Das Verständnis von „Modernisierung" ist von der jeweiligen Vergleichsebene abhängig. Sofern die großen atlantischen Revolutionen des 17. und 18. Jahrhunderts und die industrielle Revolution als Durchbruch der Moderne in Europa betrachtet werden, kann gefragt werden, welche Entwicklungslinien zwischen diesen Ereignissen und der Zeit um 1500 bestehen und welche grundlegenden Voraussetzungen für die Moderne damals geschaffen wurden.

M 5, S. 9
Jürgen Osterhammel über „europazentristische" und „exotistische" Ansätze, 2000

Osterhammel vertieft die Frage nach dem Epochencharakter der frühen Neuzeit in Europa (vgl. M 4, S. 8 f.). Umstritten ist, ob die Geschichte außereuropäischer Gesellschaften mit den am „Modell" Europa entwickelten Begriffen der Geschichts- und Sozialwissenschaften erfasst werden kann. So entziehen sich z. B. die Geschichte des Islams oder Chinas den europazentrierten Schemata.
Der „exotistische" Ansatz negiert die Möglichkeit, Geschichte „global" darzustellen. Darüber hinaus erschwert der europäische „Begriffsimperialismus" das Verständnis anderer Kulturen. Der „exotistische" Ansatz ermöglicht dagegen die Erforschung von Alternativen zur europäisch-atlantischen Entwicklung.

Aufgabe 1, S. 9

Siehe die Erläuterungen zu Aufgabe 3.

Aufgabe 2, S. 9

Zu Bild M 1: Buchdrucker verstanden sich als handwerklich-technische Elite. Aber auch der Mensch, der Herr der Technik ist, bleibt dem Tod unterworfen.
Zu Bild M 2: Der vernetzte Mensch der Gegenwart ist Opfer der globalen Medienrevolution geworden und in Gefahr, Freiheit und Autonomie zu verlieren.

Aufgaben 5 und 6, S. 9

Siehe die Erläuterungen zu M 4 und M 5.

Kapitel 2: Gesellschaftsbilder und Alltagsleben um 1500 – eine Spurensuche in „Alteuropa"

Hinweise zur Arbeit mit den Materialien
Siehe den Kasten im Schülerband S. 13.

M 1, S. 11 Aquarell „Totentanz" (1806 bzw. um 1440)

Zum Hintergrund: Als Kunstgattung können „Totentänze" bis in die zweite Hälfte des 14. Jahrhunderts zurückverfolgt werden. Diese Bildfolgen sind als visuelle Volkspredigten auf Kirchenwänden und Friedhofsmauern auf Massenrezeption angelegt und fordern die Menschen zu Buße und Umkehr auf.
Zum Bild: Mit makabrem Humor zeigt der Maler, wie der Tod seine Opfer zum Tanz zwingt, ihnen mit Laute, Fiedel und Dudelsack aufspielt, dem Krüppel die Krücke wegreißt und den Blinden in sein Grab stolpern lässt. Die gesellschaftliche Rangfolge ist an der Reihenfolge der Opfer zu erkennen:

- An der Spitze stehen Papst, Kaiser, König und Kirchenfürsten,
- dann folgen Herzog, Graf, Abt, Ritter, Ratsherr, Chorherr und Gelehrter.
- Anschließend beginnt eine bunte Aufreihung: Edelmann, Kaufmann, Krüppel, Krämer, Jüngling, Jungfrau, Wucherer, Sackpfeifer, Schultheiß, Jude, Bauer.

Durch die ständige Wiederholung der immer gleichen Situation werden gesellschaftliche Unterschiede relativiert: Im Tod sind alle Menschen gleich. Während die moderne Gesellschaft den Tod verdrängt, sieht der „Totentanz" das menschliche Leben vom unabwendbaren Ende her. Aufgabe der Kirche ist es, den Menschen darauf vorzubereiten – deshalb die Abbildung der Prediger am Beginn der ersten Bildreihe. Die Darstellung des Sündenfalls in der Mitte der letzten Reihe weist ebenfalls auf diese Grundtatsache menschlicher Existenz hin: Durch ihren Ungehorsam gegenüber Gott haben die Menschen das Paradies verspielt und werden Opfer des Todes.

Arbeitsbereich I: Landleben

M 2 a bis c, S. 13–15 Materialien zum Landleben zwischen Spätmittelalter und früher Neuzeit

M 2 a und b zeigen die Bauern als Opfer von Herrschaftskonzentration und -intensivierung. Leib- und Grundherren streben danach, ihre Rechte und Zugriffsmöglichkeiten auf die Untertanen auszuweiten. Im herrschaftlich besonders zersplitterten Allgäu (M 2 b) versuchen die Fürstäbte von Kempten, sich auf der Basis der Leibherrschaft einen geschlossenen Untertanenverband zu schaffen und ihr Territorium zu konsolidieren. Diese Region wurde 1525 zu einem Zentrum des Bauernkrieges.
M 2 b kann auch zur Bearbeitung von Aufgabe 1, S. 47 herangezogen werden: Die Herren versuchen, die durch die spätmittelalterliche Agrarkrise verursachten finanziellen Einbußen durch die Intensivierung ihrer Herrschaftsrechte auszugleichen. Begleitet wird dieser Prozess vom administrativen Ausbau der Territorien.
M 2 c schildert die Bauern aus der elitären Sicht eines humanistisch gebildeten Literaten. Er betrachtet das von Armut, harter Arbeit und Abhängigkeit gekennzeichnete Leben der Bauern als Gegenpol zum Lebens- und Bildungsideal der Renaissance.
Aus den Materialien können die Grundzüge der bäuerlichen Existenzbedingungen erarbeitet werden. Sie zeigen einerseits die grundlegenden Abhängigkeitsverhältnisse, in denen Bauern und Bäuerinnen lebten (insbes. M 2 a), verweisen aber auch auf soziale Konflikte, die um 1500 aufkeimen und in denen sich gesellschaftliche Wandlungen andeuten (insbes. M 2 b und c).
Weiterführende Hinweise: Zur Vertiefung sollten Quellen aus der eigenen Region herangezogen werden. Ein besonderer Schwerpunkt kann z. B. die vom Westen des Reichs divergierende Entwicklung der ostelbischen Gutsherrschaft sein.
Siehe auch die Erläuterungen zu Aufgabe 1.

M 3, S. 15 f. Ernst Hinrichs zum Landleben in Alteuropa, 1995

Charakteristisch für „Alteuropa" zwischen dem 12./13. und 18. Jahrhundert sind:

- die Vorherrschaft des primären Sektors. Die große Mehrheit der Bevölkerung lebt in Kleinsiedlungen, Dörfern und in agrarisch geprägten Kleinstädten;
- das Miteinander von privat und genossenschaftlich genutzten Wirtschaftsflächen (Allmenden);
- das Dorf mit seinen genossenschaftlichen Strukturen als Zentrum des alteuropäischen Lebens;
- die Kirche als Trägerin der Bildungstradition wie auch als Instanz sozialer Disziplinierung.

M 4, S. 15
Statistik: Ständische Gliederung Deutschlands und Europas 1500 und 1800

Kennzeichnend für die alteuropäische Gesellschaft ist der Adel als verschwindend kleine „Herrschaftsschicht". Seine (männlichen) Angehörigen besetzen die führenden Positionen in Staat, Kirche und Gesellschaft. Das städtische Bürgertum ist sozial heterogen; zu ihm gehören reiche Kaufleute, Zunfthandwerker und auch Tagelöhner. Während der ganzen Epoche erfolgt Zuzug vom Land in die Stadt. Am auffälligsten ist die Zunahme der landlosen Unterschicht, deren Angehörige auf Arbeit im Taglohn oder – in den Gewerberegionen West- und Mitteleuropas – auf das ländliche Lohngewerbe angewiesen waren (zum Verlag und Metallgewerbe als Protoindustrialisierung vgl. die Erläuterungen zu M 23, S. 61). Diese Unterschicht wuchs in Mitteleuropa im 16. und besonders im 18. Jahrhundert (Einsetzen der „Bevölkerungsexplosion") rasch an. Die Zahl der „Hofbesitzer" umfasste in Südwestdeutschland bei starken regionalen Unterschieden nur 20 bis 30 Prozent der Landbevölkerung. Im Vergleich zu Gesamteuropa steigt die Zahl der Stadtbewohner in Deutschland schneller als die der Landbevölkerung; zugleich beschleunigt sich die soziale Differenzierung auf dem Land. Das insgesamt langsamere Bevölkerungswachstum in Deutschland dürfte auf die Verluste im Dreißigjährigen Krieg zurückzuführen sein.

Aufgabe 1, S. 15

- Rechtlich-politische Situation: In den meisten Gebieten des Reiches sind die Bauern von jeglicher politischer Mitbestimmung ausgeschlossen. Es existiert jedoch eine eingeschränkte dörfliche Selbstverwaltung unter den von der Herrschaft eingesetzten Schultheißen. Die Gemeindeversammlung (M 2 c, Z. 25 f.) setzt Regeln für die landwirtschaftliche Tätigkeit fest (z. B. für den Beginn von Aussaat und Ernte, sie regelt Zugangsrechte zu Wiesen und Äckern, weil Feldwege fehlen) und wählt „Bauernmeister" oder Richter. Das Dorfgericht ist zuständig für Flur- und Grenzstreitigkeiten und für die Friedenswahrung im Dorf. Sofern die niedere Gerichtsbarkeit (z. B. Aburteilung von Raufhändeln und Beleidigungen) nicht ganz dem Herrn vorbehalten ist, fällt sie in die Kompetenz des Dorfgerichts.
- Soziale Situation: Die Bauern dürfen ihre Ehepartner nur aus dem Leibeigenenverband (Genossame) des eigenen Herrn auswählen. Kinder aus „ungenossamen" Ehen werden unter den Herren aufgeteilt. Derartige Heiratsbeschränkungen sollen die Untertanenverbände konsolidieren (M 2 a). Da die Bauern nicht Eigentümer des von ihnen bewirtschafteten Bodens sind, müssen sie den Herren Abgaben und Fronen leisten (M 2 c).
  Nach Auffassung der Fürstäbte von Kempten (M 2 b) konstituiert die Überlassung eines Hofes und die damit einhergehende grundherrschaftliche Bindung auch die Leibherrschaft. Die Umwandlung der Höfe von Erb- in Fall-Lehen, die nach dem Tode des Bauern an den Herrn zurückfallen und von diesem nach Gutdünken wieder verliehen werden können, steigert die Abhängigkeit. Gegen die soziale Nivellierung wehren sich die Bauern jahrzehntelang mit rechtlichen Mitteln, dann im Aufstand von 1525.
- Wirtschaftliche Situation: Armut, schlechte Lebensverhältnisse, Abgabendruck, Abhängigkeit von städtischen Märkten und Handwerkern.

Aufgabe 3, S. 15

Ohne weitere Differenzierung werden genannt:
- die Bauern als große Mehrheit der Bevölkerung (M 2 a–c)
- die Bürger (Städte als Zentren von Handwerk und Handel, M 2 c)
- die geistlichen und weltlichen Grundherrn (M 2 a–c).

Die Materialien berühren nicht das Problem der ländlichen Unterschichten (vgl. Erläuterungen zu M 4).

Aufgabe 4, S. 15

Erschließbar aus M 2 bis M 4 sind
- der Vorrang des agrarischen Sektor,
- das Fehlen der für die moderne Industriegesellschaft typischen vertikalen und horizontalen Mobilität.

Aufgabe 5, S. 16

Siehe die Erläuterungen zu M 3.

Aufgabe 6, S. 16

Siehe die Erläuterungen zu M 4.

Arbeitsbereich II: Soziale Leitbilder

Didaktischer Hinweis: Der Einstieg in diese Einheit erfolgt am besten über die Bilder M 1, M 6 und M 7. Die Textquellen M 5, M 8, M 10 und die Sekundärtexte M 11 und M 12 ermöglichen inhaltliche Differenzierungen und geben einen Einblick in die Forschungsdiskussion.

M 5, S. 16
Gedicht: Erasmus Alber über die Stände, um 1530

Alber geht von der gottgewollten Funktionsteilung zwischen den Ständen aus. Wenn jeder Stand die ihm auferlegten Pflichten erfüllt, ist Eintracht gesichert. Da der mit der Erbsünde behaftete Mensch dem Willen Gottes nie ganz nachkommen kann, bleibt ihm nur die Hoffnung auf ein besseres Leben im Jenseits. Die Reformation stellte dieses Denken in hierarchisch-statischen Gesellschaftskategorien nicht in Frage. Luthers „Freiheit eines Christenmenschen" zielt nicht auf die Überwindung ständischer Grenzen, sondern auf die Freiheit des inneren, geistlichen Lebens. Stände gehören zur gottgewollten Ordnung, in der die Fürsten als Gottes Amtleute für die Wahrung von Frieden und Recht zuständig sind. Als die Bauern diese Ordnung im Bauernaufstand 1525 in Frage stellten, wurde Luther zu einem ihrer radikalsten Gegner.

M 6, S. 17
Mittelalterliches Ständebild, 1. Hälfte 15. Jh.

Seit dem 10./11. Jahrhundert setzte sich – ausgehend von England – die Theorie der funktionalen Dreiteilung der Gesellschaft durch. Körperlich Arbeitende (Bauern) wurden von jenen geschieden, die den Kriegerberuf ausübten (Adel). Im 12. Jahrhundert wurden die Stadtbewohner (Händler, gewerbliche Produzenten) dem Schema eingefügt und bildlich den Bauern parallelisiert.

Das Bild zeigt den häufig verwendeten „Ständebaum": An der Wurzel stehen Bürger (links) und Bauern (rechts) als „Arbeiter". In Stammeshöhe befinden sich die Herrscher und der Adel. Als Inhaber der weltlichen Herrschaftsrechte garantieren sie den Frieden und die Wahrung des Rechts. Die Geistlichkeit (Beter) ist als erster Stand in Wipfelhöhe angesiedelt; das Bild propagiert also die Überordnung der geistlichen über die weltliche Gewalt (vgl. dagegen M 13, S. 84). Schon früh bot dieser dreiteilig-hierarchische Aufbau Anlass zu Ständekritik. Im 11. Jahrhundert wies Bischof Adalbero von Laon darauf hin, dass die privilegierten Stände von den „Knechten" abhängig seien, denen sie sich überlegen wähnten und die sie doch durch ihre Arbeit „ernährten".

M 7, S. 18
Mittelalterliches Ständebild, um 1375

Das Bild transferiert ein von antiken Autoren (Aristoteles in seiner Schrift „Politik" und Cicero in seiner Schrift „De officiis") propagiertes Gesellschaftsbild auf die sozialen Verhältnisse des Mittelalters. Die Gesellschaft wird in sechs Gruppen geschieden: Zu den „Privilegierten" gehören Ritter, Räte und Geistliche. In der Antike wie im Mittelalter ist Grundbesitz die ökonomische Basis ihrer gesellschaftlichen Position. Die Trennungslinie zwischen diesen militärische, politische und geistliche Funktionen ausübenden Gruppen und den anderen ist körperliche Arbeit: Bauern, Handwerker und Händler sind auf sie angewiesen, um ihren Lebensunterhalt fristen zu können. Für Aristoteles wie für Cicero konstituiert Lohnabhängigkeit gesellschaftliche Unterordnung. Kaufleute stehen an letzter Stelle, weil der Handel als besonders unwürdige Tätigkeit gilt.

Im Gegensatz zur beachtlichen sozialen Mobilität in Hoch- und Spätmittelalter vermitteln beide Bilder M 6 und M 7 das Ideal einer statischen Gesellschaft, in der jeder Mensch seinen Platz findet.

Erwerbsformen, Pflichten und Verhaltensnormen, die der Einzelne zu befolgen hat, werden von seiner Position in der Ständehierarchie festgelegt.

M 8, S. 19
Holzstich „Veränderung aller Stände", 1508

Der Holzschnitt nimmt das um 1500 weit verbreitete und oft mit Kirchen- und Sozialkritik und Endzeiterwartungen verbundene Genre der „verkehrten Welt" (die Kirche steht auf dem Kopf) auf: Der „gemeine Mann" liest die Messe, die Geistlichen pflügen den Acker.

Auch heute gibt es Restbestände solcher Inversionen, z. B. das „Weiberregiment" und die Besetzung von Rathäusern im Karneval.

M 9, S. 19
Gedicht: „Wo die Edelleut herkommen warn", um 1500

Die eklatante soziale Ungleichheit widerspricht der in der Bibel überlieferten Schöpfungsordnung. Die Auffassung, dass es auch nach der Vertreibung aus dem Paradies gesellschaftliche Gleichheit gegeben hat, ist seit den Bauernaufständen in England in der zweiten Hälfte des 14. Jahrhunderts Grundbestand der Kritik an der Ständegesellschaft und der sie rechtfertigenden Kirche. Ebenso wenig wie die Gesellschaftsordnung entspricht der Staat als Zwangsinstitution dem Willen Gottes. Schöpfer der weltlichen Herrschaft ist Nimrod, der im Spätmittelalter als Schöpfer der ersten, ausschließlich auf Gewalt und Unterdrückung beruhenden Monarchie gilt.

M 10, S. 20
Der Sachsenspiegel über die Leibeigenschaft, 1224/31

Auch der Sachsenspiegel geht (wie M 9) von der ursprünglichen Freiheit des Menschen aus, der Ebenbild Gottes ist und durch Christus erlöst wurde. Die Freiheit wurde ihm durch Gewalt genommen; Unfreiheit ist das Ergebnis sozialer und politischer Veränderungen, die nicht dem Willen Gottes entsprechen können (Z. 40 f.). Der Verfasser zieht die Belege aus dem Alten Testament heran, mit denen die zeitgenössische Theologie die Scheidung der Menschen in Herrschende und Beherrschte rechtfertigt, und widerlegt die Rechtmäßigkeit der Leibeigenschaft mit dem Hinweis, dass sich niemand freiwillig zum Leibeigenen machen könne.

M 11, S. 20
Winfried Schulze über die Ständegesellschaft zwischen Mittelalter und Neuzeit, 1987

Im Text werden drei Gesellschaftsmodelle vorgestellt:
- das traditionelle dreifunktionale Modell (vgl. M 6, M 7),
- die sich auf das Evangelium berufenden und Gleichheit fordernden Vorstellungen der Bauern (Zwölf Artikel, vgl. M 10, S. 156) und des „linken" Flügels der Reformation (Thomas Müntzer, vgl. M 10 c–e, S. 157 f.); ihnen kann Bild M 8 zugeordnet werden;
- das in den Kreisen des „frühkapitalistischen" Unternehmertums favorisierte Modell einer Gesellschaft, die die Position des Einzelnen von persönlicher Leistungsbereitschaft abhängig macht und ökonomisch begründete Ungleichheit für legitim hält (vgl. M 28, S. 66).

Ferner skizziert der Verfasser zwei methodische Ansätze sozialhistorischer Erforschung der frühen Neuzeit:
1. die Analyse der Gesellschaft mithilfe zeitgenössischer Bewertungs- und Ordnungskriterien. Sozialhistoriker, die diesen Ansatz wählen, tendieren zur „historischen Kulturforschung". Zeitgenössische Auffassungen von der „rechten" Ordnung der Gesellschaft stehen aber oft in krassem Gegensatz zur real existierenden Gesellschaft;
2. die Analyse der Gesellschaft mithilfe moderner Datenverarbeitung. Ziel ist die Erstellung eines „objektiven" Sozialprofils durch die Erforschung von Vermögensverteilung, Preisen und Löhnen. Dieser Ansatz geht von der These aus, dass sich Konflikte, Wandlungs- und Differenzierungsprozesse innerhalb einer Gesellschaft durch die Interpretation möglichst vieler Daten erkennen lassen.

M 12, S. 21–23
Otto G. Oexle über Christentum und Ständegesellschaft, 1994

Der Verfasser beginnt mit einer Definition der Begriffe „Stand" und „Klasse". Er verweist auf den Gegensatz zwischen antiken und christlichen Sozialnormen und betont, dass das Christentum die Ständeordnung legitimiert und zugleich Argumente zu ihrer Negation liefert.
Zum Ständeverständnis der Antike: siehe die Erläuterungen zu M 7.
Das frühe Christentum hebt mit dem Lobpreis der Armut und einer neuen Arbeitsethik die Kriterien ständischer Differenzierung der Antike auf. Nach Paulus schließt die „Gottesknechtschaft" des Menschen jede weitere Bindung aus. In der eschatologischen Weltsicht des Apostels hat die Negation ständisch-sozialer Schranken aber keine reale Bedeutung, da das Ende der Welt nahe bevorsteht. Bis dahin soll jeder in seinem „Stand" bleiben. Aus diesem Widerspruch entsteht die mittelalterliche Diskussion um die gottgewollte Ordnung der Gesellschaft. Gegen die Kirche, die die bestehende Ordnung legitimiert, wenden sich Häretiker und die Armutsbewegung mit ihren Forderungen nach Gleichheit und einem den Grundsätzen der Bergpredigt entsprechenden Leben.
M 5, M 9 und M 10 zeigen die Spannungsbreite der Diskussion.

Aufgabe 8, S. 18
Siehe die Erläuterungen zu M 6 und M 7.

Aufgabe 9, S. 18
Siehe die Erläuterungen zu M 8.

Aufgabe 11, S. 20
Siehe die Erläuterungen zu M 5, M 9 und M 10.

Aufgaben 14 und 15, S. 21
Siehe die Erläuterungen zu M 6–8, M 11.

Aufgaben 17 bis 20, S. 23
Siehe die Erläuterungen zu M 5, 9, 12.

Notizen

Arbeitsbereich III: Bevölkerung und Lebenserwartung

M 14, S. 24
Statistik: Altersaufbau der Einwohner von Zürich 1637

M 14 zeigt, dass die Sterblichkeit von Männern nach dem fünften Lebensjahrzehnt schneller steigt als bei den Frauen. Nur eine Minderheit der Bürger erreicht das 60. Lebensjahr. Wie heute gab es im Zürich des 17. Jahrhunderts mehr alte Frauen als Männer. Im Gegensatz zur Gegenwart ist die Bevölkerungspyramide flach; die Überalterung der Gesellschaft ist ein Phänomen moderner Industriegesellschaften. Diese Unterschiede werden deutlich, wenn man M 14 eine grafische Darstellung des Bevölkerungsaufbaus der Bundesrepublik gegenüberstellt.

M 15, S. 24
Aufzeichnungen des Konrad Iselin 1395–1424

Aus den Aufzeichnungen eines Angehörigen der bürgerlichen Oberschicht Basels lassen sich Hypothesen über die hohe Kinder- und Müttersterblichkeit und über die Bedeutung von Heirat und Ehe aufstellen. Männer waren oft mehrfach verheiratet. In der niedersächsischen Stadt Uelzen wurde im 16. Jahrhundert die Hälfte der Ehen bereits nach zehn Jahren durch den Tod eines Partners (meist der Frau) beendet. Da Bauern, Kaufleute und Handwerker auf die Mitarbeit ihres Ehepartners angewiesen waren, war Wiederheirat oft eine ökonomische Notwendigkeit. Die Übernahme von Patenschaften durch angesehene Bürger festigte nicht nur die Stellung der Familie im sozialen Netz der Stadt, sie war auch notwendig, um die „standesgemäße" Erziehung der Nachkommen und deren sozialen Status zu sichern, sollten die Eltern sterben.

M 16, S. 25
Christian Pfister über die Lebenserwartung zwischen dem 14. und 17. Jh., 1994

Obwohl die sozialen und biologischen Determinanten der Lebenserwartung bislang nur in Umrissen erforscht sind, geht man davon aus, dass die Lebensdauer von berufsspezifischen, wohnsitzspezifischen und geschlechtsspezifischen Faktoren bestimmt wurde. Noch nicht erforscht sind die Gründe für die sinkende Lebenserwartung des Adels und für die höhere Sterblichkeit der Männer während der Pestepidemien des 17. Jahrhunderts. Altersspezifische Mortalitätsraten lassen sich bereits bei den großen Seuchenzügen des 14. Jahrhunderts feststellen; einzelne forderten mehr Opfer unter Kindern und Jugendlichen, andere unter älteren Menschen. Für die im Vergleich zur Landbevölkerung geringere Lebenserwartung der Bürger werden meist die unhygienischen Lebensbedingungen in den Städten verantwortlich gemacht. „Alter" und „Jugend" als eigenständige Lebensphasen waren in der frühen Neuzeit unbekannt. In der Grundaussage stimmen die Aussagen von M 15 und M 16 über die Lebenserwartung der Angehörigen bürgerlicher Oberschichten überein.

M 17, S. 25
Statistik: Bevölkerungsentwicklung in Westdeutschland 600–1800

M 17 zeigt die durch die Pest (14. Jh.) und Dreißigjährigen Krieg (17. Jh.) verursachten säkularen Einbrüche in der Bevölkerungsentwicklung. In beiden Fällen dauerte es rund ein Jahrhundert, bis der Bevölkerungsstand vor der Katastrophe wieder erreicht war.

Aufgabe 22, S. 25
Siehe die Erläuterungen zu M 15.

Aufgabe 23, S. 25
Siehe die Erläuterungen zu M 16.

Aufgabe 24, S. 25
Siehe die Erläuterungen zu M 14 und M 17.

Notizen

Arbeitsbereich IV: Stadtentwicklung und Stadtbürgertum

M 18, S. 26
Statistik: Städtegründungen in Mitteleuropa 1150–1950

M 19, S. 26
Statistik: Stadtbevölkerung in Deutschland um 1000–1997

Die große Zahl der „Stadtgründungen" und der steigende Anteil der Stadtbewohner an der Gesamtbevölkerung korreliert mit dem Wachstumsschub des hohen Mittelalters (vgl. M 17). Zu „Stadtgründungen" werden nicht nur Neusiedlungen, sondern auch die Erhebung alter Siedlungen zu Städten gerechnet, z. B. durch die Verleihung von Stadtrechten anderer Städte. Im Spätmittelalter gab es im Reich nördlich der Alpen rund 4 000 Orte mit Stadtrecht. Nur etwa 25 hatten mehr als 10 000 Einwohner; die weitaus meisten blieben agrarisch geprägte „Ackerbürgerstädte" mit weniger als 2 000 Einwohnern. Sowohl in der Aufbauphase bis 1350 wie auch in der folgenden Stagnationsphase ist das relative Wachstum der Stadtbevölkerung auf Zuzug vom Land zurückzuführen. Im 17./18. Jahrhundert entstand als neuer Stadttyp die neu gegründete oder alte Orte umformende Residenzstadt (Potsdam, Karlsruhe, Ludwigsburg).

M 20, S. 27
Ernst Hinrichs über Statistiken in Alteuropa

Der Autor weist auf die unsichere Datenbasis für Zahlenreihen zur frühen Neuzeit hin.
Ferner geht er auf den Zusammenhang von Staatsentwicklung und Herausbildung der Statistik ein. Das Ausmaß statistischer Erhebungen steht in engem Zusammenhang mit der Verdichtung von Staatlichkeit. Es kann herausgearbeitet werden, dass statistische Daten nicht per se objektive Befunde liefern, da solche Erhebungen immer mit spezifischen Fragestellungen und besonderen Interessen verknüpft sind.

M 21, S. 28
Arno Borst über neue Mentalitäten in der Stadt, 1979

Der Text betont das Neue der Stadt. Sie ist inmitten der herrschaftlich strukturierten agrarischen Welt ein genossenschaftlicher Verband, der für seine Mitglieder Frieden, Recht und die Möglichkeit wirtschaftlicher Aktivität sichert. Durch die Einbeziehung des Einzelnen in größere Verbände (z. B. Zünfte) entsteht eine Gemeinschaft, die nicht nur von Primärgruppen (Familie, Nachbarschaft) getragen wird. In der Stadt entsteht ein neues Ethos der Arbeit und der sozialen Verantwortung, das dazu zwingt, den politischen und sozialen Ausgleich immer wieder neu zu definieren. Im Gegensatz zur mittelalterlichen ist die „moderne" Stadt kein „Verband der Privilegierten"; sie vereint in sich nicht mehr Lebensformen unterschiedlicher Stände (Z. 94).

M 22, S. 29
Kupferstich: Leben in der Stadt, um 1520

Im Zeichen Merkurs, des Gottes des Handels, ist die Stadt Zentrum von Wirtschaft, Kunst und Wissenschaft. Im Vordergrund prüft ein Orgelbauer ein neues Instrument. Links arbeitet ein Holzschnitzer, ein Bogen gewährt Einblick in das Atelier eines Malers. Auf erhöhtem Podest werden Vertreter der Wissenschaft gezeigt: Ein Arzt prüft eine Harnprobe und konsultiert ein Lehrbuch, zwei Mathematiker oder Astronomen arbeiten an einer Armillarsphäre (Himmelsglobus). Im Vordergrund rechnet ein Kaufmann am Abakus; sein Schreiber erledigt die Geschäftspost. Entlang der Straßen haben Handwerker ihre Läden geöffnet und bieten Waren an. Mit ihren vielfältigen Aktivitäten, gepflasterten Straßen und repräsentativen Bürgerhäusern ist die Stadt eine ganz andere Welt als das sozial und wirtschaftlich einfach strukturierte Dorf.

Aufgabe 26, S. 26
Siehe die Erläuterungen zu M 18 und M 19.

Aufgabe 27, S. 26
Die Statistiken beruhen auf Hochrechnungen und begründeten Schätzungen, sind also weniger zuverlässig als moderne Datenwerke. Oft stellt sich auch das Problem der geografischen Bezugsgröße (Westdeutschland – Deutschland – Mitteleuropa), sodass Aussagen nicht verallgemeinert werden dürfen.

Aufgabe 28, S. 29
Siehe die Erläuterungen zu M 22.

Aufgaben 29 und 30, S. 29
Siehe die Erläuterungen zu M 21.

Arbeitsbereich V: Ritterleben

Didaktischer Hinweis: Die soziale Gruppe der Ritter wird im vorliegenden Heft nur gestreift. Bei Bedarf können im Unterricht weitere Materialien herangezogen werden.

M 23, S. 30,
Ulrich von Hutten über das Ritterleben um 1500

Zum Autor und Adressaten: Die Interpretation sollte von den biografischen Angaben in der Einleitung ausgehen. Pirckheimer und Hutten sind Anhänger des humanistischen Ideals des „bene vivere", d. h. eines Lebens, das umfassende Bildung mit materieller Sicherheit verbindet und so intellektuelle und künstlerische Leistungen möglich macht (vgl. S. 97 f. und M 17, S. 110). Nach Auffassung Huttens ist ein derartiges Leben nur in der Stadt möglich (Z. 5). Die tatsächlichen Lebensumstände eines Ritters sind mit einem derartigen Leben nicht in Einklang zu bringen wegen

- der materiellen Abhängigkeit von der Grundherrschaft, d. h. von der Arbeit unfreier Bauern,
- der politisch-rechtlichen Abhängigkeit von mächtigen Fürsten, die den Ritter jederzeit in existenzgefährdende Konflikte verwickeln kann (vgl. M 6, S. 79),
- wegen des Lebens auf den ganz als militärische Zweckbauten konzipierten Burgen.

Die Quelle dokumentiert darüber hinaus, wie eine vormals führende soziale Gruppe um ihre Anerkennung und Funktionsbestimmung in einer sich wandelnden Welt ringt.

Aufgabe 31, S. 30
Siehe die Erläuterungen zu M 23.

Notizen

Arbeitsbereich VI: Klimageschichte

Didaktischer Hinweis: Die Bearbeitung sollte mit M 26, S. 33 beginnen, das die Gesamtentwicklung des Klimas vom Optimum des hohen Mittelalters bis zum (vermutlichen) Beginn einer neuen Wärmephase in der Gegenwart deutlich macht. M 24, M 25 und M 27 ermöglichen eine „Feinanalyse" des Klimaverlaufs.

M 24, S. 31
Statistik: Oberflächenfeuchtigkeit von der Antike bis zum 19. Jh.

M 25, S. 32
Statistik: Vereisung des Zürichsees 1525–1750

M 26, S. 33
Statistik: Baumgrenzen 3000 v. Chr. bis 2000 n. Chr.

M 27, S. 33
Statistik: Temperaturen in Mittelengland seit 800 n. Chr.

Während der hochmittelalterlichen Wärmephase stieg die Durchschnittstemperatur vermutlich um ein Grad Celsius. Die Klimaforschung geht davon aus, dass dies zur Steigerung der Durchschnittserträge und damit auch zum Wachstum der Bevölkerung beigetragen hat. Neue Siedlungsflächen wurden in bislang ungünstigen Mittelgebirgslagen, in Flussniederungen und durch die Eindeichung der Marschen erschlossen. Die Warmphase endete im 14. Jahrhundert; neben der Pest trug auch die Klimaverschlechterung zum Bevölkerungseinbruch bei (vgl. Erläuterungen zu M 3, S. 47). Eine neue Kältephase setzte in der zweiten Hälfte des 16. Jahrhunderts ein. Hypothetische Konsequenz dieser „kleinen Eiszeit" war die erhöhte Auswaschung von Nährstoffen aus dem Ackerland durch wachsende Niederschlagsmengen (lange und schneereiche Winter, kurze und feuchte Sommer, vgl. M 24, M 25, M 27). Der Rückgang der Erträge trug zum Anstieg der Getreidepreise bei. Dem suchte man durch Ausweitung des Ackerlandes auf Kosten des Grünlandes zu begegnen. Dies wiederum führte zur Reduzierung des ohnehin verstärkt von Seuchen bedrohten Viehbestands und folglich zu Düngermangel. Der Zusammenbruch des „alteuropäischen Fleischstandards" der Ernährung – im 15. Jahrhundert war der Fleischverzehr höher als im 18. Jahrhundert – und reduzierte Kost machten die Menschen anfälliger für Infektionen und Seuchen und verkürzten die Lebenserwartung (vgl. M 16, S. 25). Vom Beginn der frühneuzeitlichen Kälteperiode bis in die zweite Hälfte des 18. Jahrhunderts schoben sich die Alpengletscher z. T bis in Weidegebiete der Täler vor. An Mosel, Main, Rhein und Neckar sanken die Weinerträge. Schlechte Reblagen wurden aufgegeben; in Norddeutschland verschwand der Weinbau ganz. In vielen Regionen richteten Unwetter und Überschwemmungen große Schäden an. Zwischen 1572 und 1692 war der Bodensee achtmal vollständig zugefroren (im 20. Jahrhundert nur 1962/63), 1621 und 1634 Elbe und Rhein. 1619, 1625 und 1634 kam es an den Küsten von Nord- und Ostsee zu katastrophalen Sturmfluten.

Aufgaben 33 bis 35, S. 31
Siehe die Erläuterungen zu M 24 bis M 27.

Notizen

Arbeitsbereich VII: Geschlechterrollen und Familien

M 28, S. 34
Gemälde: Eva und Maria, 1481

Das Bild zeigt die Doppelrolle der Frau: Als Eva trägt sie die Verantwortung für die Vertreibung aus dem Paradies, als Maria führt sie die Menschen zum ewigen Heil. Die nackte Eva ist das Symbol der Sünde, deren Früchte sie aus dem Maul der Schlange nimmt. Ihren Verehrern ist der Tod zugeordnet. Im Gegensatz zu Eva pflückt Maria die Hostien vom „Baum des Lebens" und reicht sie den vor ihr knieenden Gläubigen, denen der Engel die Erlösung zusichert. Der Baum ist, wie das Kruzifix zeigt, auch ein Symbol des Kreuzes („Baum des Gehorsams"), an dem Christus für die Menschen gestorben ist.

M 29, S. 35
Stellung der Frau im Schwabenspiegel, 1275/76

Die Quelle zeigt die grundsätzlich mindere Rechtsstellung der Frau. Sie ist in ihren rechtlichen Handlungsmöglichkeiten beschränkt und der personenrechtlichen Gewalt ihres Ehemannes oder auch männlicher Verwandter unterworfen (Z. 27 f.). Die fehlende Prozessfähigkeit konstituiert auch ihr Unvermögen, Funktionen im Gericht oder öffentliche Ämter zu übernehmen. Dies entspricht einer patriarchalischen Gesellschaftsordnung, die vom Gegensatz „männlicher Stärke" und „weiblicher Schwäche" ausgeht – schließlich hat sich Eva und nicht Adam von der Schlange verführen lassen.
Frauen dürfen jedoch Eigentum besitzen; dazu gehören die Morgengabe (Z. 8) und die Mitgift (Z. 13–14). Die Morgengabe erhielt die Frau nach der Eheschließung vom Ehemann; sie sollte der Witwen- und Waisenversorgung dienen. Die von der Frau in die Ehe eingebrachte Mitgift bestand aus Teilen des „fahrenden Guts". Insbesondere gehörten dazu Leinwand, Truhen und Betten. Der Teil des Erbes, auf den die Ehefrau Anspruch hat, spiegelt die Rollenverteilung wider: Die Frau ist für den Innenbereich des „Hauses" zuständig, zu dem auch das Kleinvieh gezählt wird.
Die tatsächliche soziale Situation der Frau ist aber von einer Vielzahl wirtschaftlicher und soziokultureller Faktoren abhängig. Durch das christliche Verständnis der Ehe als einer gegenseitigen Treuebeziehung und das Konsensprinzip bei der Eheschließung verbesserte sich die Situation der Frau im Familienverband. Frauen konnten in der Stadt in Handwerk und Handel tätig sein, z. B. das Handwerk ihrer verstorbenen Männer weiterführen und sich aktiv und passiv an Handelsgesellschaften beteiligen. Vor allem der Textilsektor, die Luxus- und Nahrungsmittelgewerbe waren auf Frauenarbeit angewiesen. Die Existenz von Familien der unteren Einkommensschichten hing auch von der Arbeit der Ehefrauen im Taglohn ab. Trotz der Muntgewalt ihrer Ehemänner konnten adlige Damen im Mittelalter frei über ihr Eigentum verfügen; viele Klöster waren Stiftungen hochadliger Frauen.

M 30, S. 35
Statistik: Bevölkerung und Familien in Speyer um 1530

Kontinuitäten zwischen um 1530 und heute: Zu den Kontinuitäten gehört der Frauenüberschuss, der aber wegen der hohen Müttersterblichkeit geringer war als der heutige.
Unterschiede zwischen um 1530 und der Gegenwart: Zu den Unterschieden gehören
- der niedrigere Anteil von Witwen und Witwern an der Gesamtbevölkerung. Dies ist nicht nur auf die geringere Lebenserwartung, sondern auch auf den sozialen und ökonomischen Zwang zur Wiederverheiratung zurückzuführen;
- der im Vergleich zur Gegenwart geringe Anteil von kinderlosen Ehepaaren;
- der hohe Anteil von Kindern (und Jugendlichen) an der Gesamtbevölkerung;
- die im Vergleich zur Gegenwart höhere Kinderzahl pro Familie; „kinderreiche" Familien dürften aber auch durch die Wiederheirat von Verwitweten mit Kindern entstanden sein.
- der geringe Anteil Unverheirateter an der Gesamtbevölkerung. Für die große Mehrheit der Bevölkerung waren Ehe und Familie „Standardmodell" des Lebens.

Im Gegensatz zur frühen Neuzeit kennt die Moderne neben der traditionellen Kernfamilie eine Vielzahl von Haushalts- und Familienformen (Single-Haushalte, Alleinerziehende, „Lebensabschnittspartnerschaften", vor- und nacheheliche Lebensgemeinschaften).

Methodische Probleme: Ein methodisches Problem stellt vor allem die Zuordnung der Personengruppen dar. Zu den „Kindern" wurden wahrscheinlich auch Nachkommen gezählt, die älter als 16 Jahre waren,

aber noch bei den Eltern wohnten, im eigentlichen Sinn also ledige Erwachsene waren.
Statistik M 30 ermöglicht keine Untersuchung des sozialen Aufbaus der Bevölkerung oder der Abhängigkeit der Kinderzahl vom sozialen Status der Eltern.

M 31, S. 36
Michael Mittauer über alteuropäische Familien im interkulturellen Vergleich, 1990

Charakteristische Merkmale der alteuropäischen Familie sind:
- die Kern- bzw. Zwei-Generationen-Familie als engster blutsverwandter Verband;
- die Differenzierung der Familienstruktur durch ökonomische Bedingungen und Zwänge der Arbeitsorganisation; rechtlich gehören zur Familie, dem „ganzen Haus", auch Gesinde, Lehrlinge und Gesellen;
- die Einheit von Wohnung und Arbeitsplatz;
- das hohe Heiratsalter;
- die im Vergleich zu außereuropäischen Kulturen bessere Rechtsstellung der Frau.

Das hohe Heiratsalter beider Geschlechter gilt als alteuropäische Form der Geburtenbeschränkung. Heirat war in der Regel nur möglich, wenn die wirtschaftliche Existenz der künftigen Familie gesichert war, da die begrenzte Nahrungsgrundlage dem Bevölkerungswachstum enge Grenzen setzte. Verluste durch Seuchen wurden aber relativ schnell ersetzt; in solchen Phasen ist auch ein Rückgang des Heiratsalters festzustellen. Dieses sich selbst regulierende System wurde im Vorfeld der industriellen Revolution durch die aus noch ungeklärten Gründen einsetzende ‚Bevölkerungsexplosion' gesprengt.
Das durchschnittliche Heiratsalter entspricht heute etwa dem der frühen Neuzeit. Wie die niedrige Geburtenrate in Industriegesellschaften wird es weniger von ökonomischen als von soziokulturellen Bedingungen bestimmt (lange Ausbildungszeiten, Individualisierung und Pluralisierung von Lebensformen, veränderte Werthaltungen). Im Gegensatz zur Bauern- und Handwerkerfamilie der vorindustriellen Welt ist die moderne Familie keine Einheit der Produktion mehr; Wohn- und Arbeitsstätte sind meistens nicht mehr identisch.

M 32, S. 37–39
Joseph Ehmer über Familien-Leitbilder am Beginn der Neuzeit, 1993

Die „Hausväterliteratur" der frühen Neuzeit konstruierte einen engen Zusammenhang zwischen dem Ideal der patriarchalischen Familie und dem Selbstverständnis absoluter Herrschaft. Die „Hausherrschaft" des Familienoberhaupts galt als Vorbild und Grundlage aller anderen Herrschaftsverhältnisse. Diskutiert wird, in welchem Maße die Propagierung patriarchalischer Familienherrschaft mit der Verfestigung der ständischen Gesellschaftsstruktur und mit Phänomenen der Sozialdisziplinierung zusammenhängt.
Das Ideal des vom Vater regierten „ganzen Hauses" wurde obsolet, als durch die industrielle Revolution die Familie ihre Funktion als Produktionsgemeinschaft verlor und sich zur modernen „Konsumgemeinschaft" wandelte. Außerdem übernahmen Staat und Gesellschaft soziale Aufgaben, die früher selbstverständliche Pflicht der Familie gewesen waren (Versorgung der Alten, Kranken und Arbeitsunfähigen). Die rechtliche Gleichstellung und die auf Berufstätigkeit basierende ökonomische Unabhängigkeit der Frau hat patriarchalischen Familienstrukturen die Basis entzogen.

M 33, S. 37
Patrizische Familie um 1500

M 34, S. 38
Familienbild aus dem 19. Jh.

M 35, S. 39
Familien an der Wende vom 20. zum 21. Jh.

M 34 zeigt das traditionell-patriarchalische Familienverständnis des Bürgertums im 19. Jahrhundert: Neben dem dominierenden Mann, einem wohlhabenden österreichischen Baumeister, wird die Frau allein in ihrer Rolle als Mutter dargestellt.
M 33 und M 35 scheinen der These von einer auf Geschlechterrollen beruhenden ausgeprägten Binnenstruktur der Familie zu widersprechen. M 33 soll jedoch die gemeinsame Verantwortung der Eltern für die Erziehung der Kinder darstellen; es ist auch davon auszugehen, dass Frauen gehobener Gesellschaftsschichten im Familienverband wesentlich besser gestellt waren als in ärmeren Bevölkerungsgruppen. Am Beispiel von M 35 können Schülerinnen und

Schüler Thesen über die Rollenverteilung in modernen Familien aufstellen und mit M 31–34 vergleichen.

Aufgabe 37, S. 34
Siehe die Erläuterungen zu M 28.

Aufgabe 38, S. 35
Siehe die Erläuterungen zu M 29.

Aufgabe 40, S. 35
Siehe die Erläuterungen zu M 30.

Aufgabe 41, S. 37
Siehe die Erläuterungen zu M 31.

Aufgaben 43 und 44, S. 39
Siehe die Erläuterungen zu M 32.

Aufgaben 45 und 46, S. 39
Siehe die Erläuterungen zu M 34 und M 35.

Arbeitsbereich VIII: Die Theorie der „longue durée"

M 36, S. 40
Fernand Braudel über die „longue durée", 1958

Braudel erarbeitete das Konzept der „longue durée" am Beispiel der frühen Neuzeit. Geschichte vollzieht sich auf drei Strukturebenen:
- Zur Basisstruktur gehören geografische und klimatische Gegebenheiten;
- auf der zweiten Ebene geht es um die ökonomischen und sozialen Strukturen;
- die dritte Ebene ist die der politischen Ereignisse.

Strukturen „langer Dauer" der zweiten Ebene sind z. B. soziale Leitbilder, Geschlechterrollen, Familienstrukturen und die Organisation z. B. der landwirtschaftlichen Produktion. Sie sind bis zur industriellen Revolution keinem kurzfristigen Wandel unterworfen und stabilisieren die Gesellschaft.

Aufgabe 48, S. 40
Siehe die Erläuterungen zu M 36.

Notizen

Kapitel 3: Stadtwirtschaft, Geldwirtschaft und Fernhandel: Begann um 1500 die ökonomische Globalisierung?

Hinweise zur Arbeit mit den Materialien
Siehe den Kasten im Schülerband S. 46.

Arbeitsbereich I: Die Pest und ihre Folgen

M 2, S. 46 Eine englische Chronik über die Pest 1347–1350

Die Quelle ist eine relativ umfassende Analyse der Auswirkungen der Pest auf Wirtschaft und Gesellschaft. Man sollte darauf hinweisen, dass die Seuche kein einmaliges Ereignis war. Dem ersten Seuchenzug 1347–1350 folgten weitere in den Jahren 1357–1362, 1370–1376 und 1380–1383.
Didaktischer Hinweis: Aus M 2 können die kurzfristigen, aus M 3 bis M 5 die langfristigen Folgen erarbeitet werden.

M 3, S. 47 Karte: Wüstungen in Deutschland im 14./15. Jh.

Die Pest und der durch sie verursachte Bevölkerungsrückgang ist ein wichtiges, aber keinesfalls das einzige Element des Wüstungsprozesses. Als weitere Gründe werden in der Forschung diskutiert:
- die Aufgabe wenig ertragreicher Grenzlandböden wegen des Klimawandels. Auffällig ist die hohe Wüstungsdichte an der Mittelgebirgsschwelle und in den Bergregionen Südwestdeutschlands;
- die Siedlungskonzentration durch die Aufgabe kleiner Weilersiedlungen;
- der Wegzug der Bauern in die Städte, die bessere Verdienstmöglichkeiten boten;
- der Verzicht auf Wiederaufbau von kriegszerstörten Siedlungen.

M 4, S. 47 Grafik: Löhne und Roggenpreise 1401–1640

Die Löhne steigen bis in die zweite Hälfte des 15. Jahrhunderts („goldenes Zeitalter der Lohnarbeit"). Dies ist auf die schnelle wirtschaftliche Entwicklung der Städte und ihren Bedarf an Arbeitskräften zurückzuführen. Seit der Mitte des 16. Jahrhunderts bleiben die Löhne hinter den schnell steigenden Getreidepreisen zurück (Lohn-Preis-Schere der frühen Neuzeit). Dies führt zu einem deutlichen Rückgang des Lebensstandards der lohnabhängig Beschäftigten. Um 1500 reichte der Lohn eines Augsburger Maurergesellen für das Eineinhalbfache des Monatsbedarfs seiner Familie aus. In der Jahrhundertmitte deckte der Lohn nur noch 85 Prozent des Bedarfs.

M 5, S. 48 Grafik: Getreidepreise in Mitteleuropa 1200–1600

Der säkulare Preisverfall des Schlüsselprodukts Getreide beginnt in der zweiten Hälfte des 14. Jahrhunderts. Das Preishoch in England und Frankreich vor 1350 wird auf Überbevölkerung und klimatisch bedingte Missernten zurückgeführt. Umstritten ist, ob der Hundertjährige Krieg die atypische Entwicklung des Weizenpreises in Frankreich nach 1400 beeinflusst hat. Wie in M 4 ist ein schneller Preisanstieg im 16. Jahrhundert festzustellen. Die Bevölkerungsverluste durch die Pest waren ersetzt; Bevölkerungszuwachs und klimatische Veränderungen in der zweiten Hälfte des Jahrhunderts (vgl. S. 31) treiben den Preis.

Aufgaben 1 und 2, S. 47
Die von den Schülerinnen und Schülern erarbeiteten Hypothesen werden sich widersprechen, die Schüler gewinnen aber durch diesen Arbeitsschritt einen individuellen Zugang zu dem Thema und können mit individuellen Fragen an die weitere Bearbeitung herangehen.
Die Überprüfung an den Materialien wird nicht alle Fragen beantworten können. Die Schülerinnen und Schüler lernen über diese Aufgabenstellung aber das klassische Verfahren der Hypothesenbildung kennen und machen die für den historischn Erkenntnisprozess wichtige Erfahrung, dass Quellen Fragen auch unbeantwortet lassen bzw. dass weiteres Material erst noch herangezogen werden muss.
In einem „Krisenszenario" können Ergebnisse der Auswertung von M 2 bis M 5 zusammengefasst wer-

den. Im Agrarsektor können Perspektiven der Bauern und der Gutsherrn herausgearbeitet werden:

Agrarbereich – Bauern:

- Bevölkerungsrückgang, Reduzierung landwirtschaftlich genutzter Flächen, Beschleunigung der Wüstungsprozesse;
- Preisverfall durch Zusammenbruch der Nachfrage, aber auch
- Arbeitskräftemangel und dadurch bedingte Lohnsteigerungen für Taglöhne.

Agrarbereich – Grundherren:

- Im langfristigen Trend sinkt – gemessen an der Lohn- und Preisentwicklung im städtisch-gewerblichen Bereich – der Wert grundherrlicher Einkünfte („Krise des Feudalismus"). Die Herren können
- Abgaben und Dienste reduzieren, um die Bauern am Wegzug zu hindern, oder
- ihre Herrschaftsrechte ausbauen und intensivieren, um finanzielle Einbußen auszugleichen (vgl. M 2, S. 13).

Städtischer Bereich:

- Bevölkerungsrückgang; es ist aber davon auszugehen, dass es zu Vermögenskonzentrationen, d.h. zu investierbarem Kapital, bei den Überlebenden gekommen ist;
- relativ schneller Ersatz der Menschenverluste durch Zuzug vom Land,
- steigende Nachfrage nach gewerblichen Produkten aufgrund hoher Löhne und großer Vermögen bei niedrigen Lebensmittelpreisen.

Notizen

Arbeitsbereich II: Stadtwirtschaft

Didaktischer Hinweis: Die einführenden Materialien zur Herausbildung der Stadt und zu Mentalitäten in der mittelalterlichen Stadtgesellschaft aus Kapitel 2 (M 18 bis M 22, S. 26–29) können auch an dieser Stelle bearbeitet werden.

M 6, S. 48
Tabelle: Berufe und Vermögen in der Stadt Basel 1429

Seit dem 14. Jahrhundert gehörte Basel zu den wichtigsten Handels- und Bankzentren am Rhein. Es war wichtiger Etappenort des Handels zwischen Süddeutschland, Südfrankreich und Spanien und profitierte auch vom Nord-Süd-Verkehr über den Gotthard. 1429 hatte die Stadt zwischen neun- und zehntausend Einwohner. Der Reichtum der städtischen Oberschicht (Patrizier, Kaufleute) beruhte neben dem Geld- und Warenhandel auf ausgedehntem Grundbeitz im Sundgau (Südelsass). Basler Kaufleute investierten auch in den Silberbergbau in den Vogesen und im Schwarzwald.
Eigene Exportgewerbe entwickelten sich nicht. Das Zunfthandwerk war deshalb auf den regionalen Markt angewiesen. Über zwei Drittel der Handwerker gehörten zu den beiden unteren Vermögensgruppen bis 150 fl. Auch zwischen und innerhalb der Zünfte gab es große Vermögensunterschiede; wie überall im süddeutschen Raum stellten die Weber die Mehrheit der ärmeren Handwerker. Zur mittleren Vermögensschicht über 151 fl gehörte in allen Handwerken nur eine Minderheit.

M 7 a, S. 49
Amtsbrief der Kölner Garnmacherinnen, 1397

Zum Hintergrund: „Kölner Garn" war ein spezielles, meist blau gefärbtes Leinengarn.
Zur Quelle: Die Zunftordnung regelt in üblicher Weise Lehr- und Beschäftigungsverhältnisse, die Anzahl der erlaubten Arbeitskräfte, die Qualitätskontrolle und die Weiterführung des Handwerks nach dem Tod einer Meisterin. So wie in „männerdominierten" Zünften die Witwe das Handwerk nach bestimmten Regeln weiterführen kann, tut es hier der Witwer.

M 7 b, S. 49
Edith Ennen über Frauenberufstätigkeit in Köln, 1994

Der Text betont die Bedeutung der Frauenarbeit vor allem im Bereich der hochspezialisierten Textilgewerbe, wo es auch zu geschlechtsspezifischen Arbeitsteilungen kommen konnte. Voraussetzungen waren
- die Rechtsfähigkeit der Frau,
- die handwerklich- kaufmännische Struktur der Gewerbe.

Durch Konzentrationsprozesse in Verbindung mit dem „frühkapitalistischen" Verlagssystem verloren die Frauen ihre dominierende Stellung.

M 8, S. 50
Miniaturmalereien zum Wirtschaftsleben in der Stadt, um 1500

Die Bilderreihe gibt eine Vorstellung von der Mode, den Lebensgewohnheiten und der häuslich-handwerklichen Einrichtung in oberitalienischen Städten an der Wende vom 14. zum 15. Jahrhundert. Dargestellt sind folgende Handwerker/Händler:
1. Bäcker
2. Käsehändler
3. Apotheker
4. Salzverkäufer
5. Weinhändler
6. Schneider

M 9 a, S. 50
Brief des Nestlerhandwerks Straßburg an das Nestlerhandwerk Nürnberg, 1539

Zum Hintergrund: Nestler stellten Schnürriemen/Senkel aus Leder her. Diese „Nestel", die zur Verbindung von Gewandteilen und zum Schließen von Gewändern dienten, waren vor allem in der Männermode des 15./16. Jahrhunderts wichtige modische Accessoires. Die Nestler gerbten und färbten das Leder meist selbst ein. Der in Z. 14 genannte „Stock" ist der Holzklotz, auf dem das Leder geschitten wurde.
Zur Quelle: Die Straßburger Nestler verlangen von ihren Nürnberger Zunftgenossen, dass die Mitarbeit von Frauen beendet wird. Bei Meistern, die „Mägde" beschäftigen, sollen keine Gesellen mehr arbeiten dürfen. Im Weigerungsfall drohen sie mit einem Arbeitsverbot für Gesellen, die das Handwerk in Nürnberg erlernt oder dort gearbeitet haben. Gründe für das Vorgehen der Straßburger können sein:
- Konkurrenzdenken,
- Wunsch nach Sicherung der Arbeitsplätze und der Lehrstellen für Männer,
- Verknappung des Erwerbsspielraums durch Preisbewegungen (vgl. M 4, S. 47),
- Wandel im Verständnis der Geschlechterrollen (vgl. M 9 b).

M 9 b, S. 50 f.
Edith Ennen über Frauenerwerbsarbeit und -bildung am Übergang zur Neuzeit, 1994

Die Verfasserin führt die Benachteiligung der Frauen aus dem städtischen Bürgertum zurück auf
- ihren Ausschluss von akademischer Ausbildung, die in der frühen Neuzeit Voraussetzung für gesellschaftliche Führungspositionen wird (Z.12 f.);
- die Auswirkungen wirtschaftlicher Verengung und neuer Produktionsformen (Z. 28f.);
- die damit zusammenhängende Ausformung unterschiedlicher Bildungsziele und -gänge für Jungen und Mädchen.

Im 19. Jahrhunderts sehen sich Frauen aus dem Bürgertum auf die ihnen zudiktierte Rolle als Ehefrau und Mutter fixiert.

M 10 a, S. 52
Verordnung der Ulmer Leineweberzunft, 1403

Zum Hintergrund: Die Weber waren die bedeutendste Ulmer Zunft. Im Jahr 1530 zählte sie 469 Meister.
Zur Quelle: Die Ordnung zeigt die für das zünftige Handwerk typische Tendenz zur Abschließung und zur Reglementierung der Gewerbe (Privilegierung von „Bürgerkindern", Arbeitsverbote und Wartezeiten für Zuzügler). Mit der Zulassung der Landweber zur Ulmer Leinwandschau sicherte sich die Ulmer Zunft die Preis- und Qualitätskontrolle über die Stadt hinaus.
Ziel solcher Ordnungen war es, den Zunftgenossen annähernd gleiche Arbeits- und Produktionsbedingungen und damit ein „standesgemäßes Leben" („Nahrungsprinzip") zu sichern.

M 10 b, S. 52
Miniaturmalerei: Zunftmeister kontrolliert Handwerksgesellen, ca. 13. Jh

Zum Hintergrund: Erhöhte Ansprüche an die Meisterstücke, Verlängerung der Gesellen- und Wander-

zeiten, Probezeiten, Nachweis von Mindestvermögen und „ehrliche" (eheliche) Geburt waren bereits im 16. Jahrhundert kritisierte Praktiken der Zünfte, um ihre Exklusivität und die wirtschaftliche Existenz ihrer Mitglieder zu verteidigen.
Zum Bild: Das Bild zeigt die hervorgehobene Position der Zunftmeister, die in vielen Städten als Mitglieder des Rates auch an den Schalthebeln politischer Macht saßen.

M 10 c, S. 52
Die „Reformatio Sigismundi" über die Zünfte, 1439 bzw. 1476–1522

Zum Hintergrund: Die Schrift entstand im Umkreis des Basler Konzils und gibt vor, Reformpläne Kaiser Sigmunds (1410–1433) zu überliefern. Sie gilt als eine der bedeutendsten sozialen und verfassungsrechtlichen Programmschriften des späten Mittelalters.
Zur Quelle: Der unbekannte Verfasser analysiert die Missstände von einem konservativen Standpunkt aus und führt sie auf die Auflösung der gottgewollten, auf dem Gleichgewicht der Stände (vgl. S.16 f.) beruhenden Gesellschaftsordnung zurück.
Das zünftig organiserte Handwerk soll jedem die ihm zustehende „Nahrung" sichern. Dem widersprechen:
- die Abschottung der Zünfte;
- das Bestreben, die Verbraucher z. B. durch Preisabsprachen zu benachteiligen;
- die Beteiligung der Zünfte an der Stadtregierung, wodurch politische Herrschaft mit wirtschaftlichen Interessen verquickt wird;
- die Auflösung des Prinzips der „gerechten Nahrung" und das Gewinnstreben, dem das Aufkommen neuer Gewerbeformen (Kombination von Handwerk und Handel) Vorschub leistet.

Aufgaben 3 und 4, S. 49
Siehe die Erläuterungen zu M 6.

Aufgabe 6, S. 51
Siehe die Erläuterungen zu M 7 a und b.

Aufgabe 7, S. 51
Siehe die Erläuterungen zu M 9 a.

Aufgabe 8, S. 51
Siehe die Erläuterungen zu M 9 b.
Ausgehend von den Befunden und Analysen in M 9 a und b könnten folgende Thesen und Probleme diskutiert werden:
- Der Übergang zur Neuzeit und zur Moderne stellt sich aus der Perspektive der ehemals berufstätigen Frauen als Ausschluss aus bestimmten Wirtschaftsbereichen dar.
- Problematisierung des Fortschrittsbegriffs: Der Übergang zur Neuzeit und zur Moderne ist für bestimmte Gruppen kein Fortschritt, sondern ein Rückschritt.
- Problematisierung linearer Geschichtsvorstellungen.

Aufgabe 9, S. 53
Siehe die Erläuterungen zu M 10 a und b.

Aufgabe 10, S. 53
Siehe die Erläuterungen zu M 10 c.

Aufgabe 11, S. 53
Grundzüge der sozialen Marktwirtschaft:
a) Produktionsbereich:
- Produktionsfreiheit (Freiheit der Unternehmen, Güter für den Markt herzustellen),
- Freiheit der Wahl des Berufs und des Arbeitsplatzes,
- freier Wettbewerb,
- Konsumfreiheit (Freiheit der Verbraucher, Güter nach beliebiger Wahl zu kaufen),
- Privateigentum an Produktionsmitteln.

b) Bereich der Nachfrage:
- Ausgleich von Angebot und Nachfrage durch den Markt. Die Preisbildung darf weder durch staatliche Einfgriffe noch durch privatwirtschaftliche Absprachen (Kartelle) beeinflusst werden.

c) Staatlicher Bereich:
- Aufgabe des Staates ist es, Rahmenbedingungen für den Wettbewerb festzusetzen, zu überwachen und für die soziale Sicherung der lohnabhängig Beschäftigten zu sorgen, ferner
- Aufgaben zu übernehmen, die durch private Initiative nicht zu leisten sind (Bildungs- und Strukturpolitik), und
- Konjunkturschwankungen durch geeignete wirtschaftspolitische Maßnahmen abzumildern.

Grundzüge der Zunftwirtschaft:
- Im Gegensatz zu modernen marktwirtschaftlichen Vorstellungen sahen die Zünfte ihre Hauptaufgabe darin, „Wettbewerb" zwischen ihren Mitgliedern zu verhindern. Der zunftgebundene Handwerksmeister war Preis-, Qualitäts- und Mengenkontrollen unterworfen.
- Die Zunft legte die Zahl der Gesellen und Lehrlinge fest, die ein Meister beschäftigen durfte, und schrieb auch Produktionstechniken vor.

- In manchen Gewerben (Weber, Metallhandwerker, Gerber) beschaffte die Zunft auch die Rohstoffe.
- Allerdings übernahmen Zünfte auch Aufgaben, die vom heutigen Sozialstaat verlangt werden (Unterstützung im Krankheitsfall, Versorgung von Witwen und Waisen).

Die „gebundene" Wirtschaftsweise der Zünfte wurde von den frühkapitalistischen Handelshäusern und vom Verlagssystem durchbrochen (vgl. S. 57 f., 66). Die hierdurch entstehenden Konflikte bestimmten die Diskussion über Wirtschaftspolitik und -ethik in der ersten Hälfte des 16. Jahrhunderts. Größere Territorien erließen zwar Preis- und Lohntaxen und förderten Exportgewerbe (Wein, Metalle, Wolle, Leinwand); zu einer „modernen" Wirtschafts- und Strukturpolitik war der frühmoderne Staat aber nicht in der Lage. Die Reichstage versuchten, Rahmenbedingungen festzusetzen, z. B. im Münz-, Zoll- und Zunftwesen, aber diese wurden selten konsequent durchgesetzt. Erst im Merkantilismus setzte sich die Auffassung durch, dass dem Staat auch in der Wirtschaft die oberste Leitungskompetenz zustehen sollte. Dies wiederum wurde vom liberalen Wirtschaftsdenken seit dem Ende des 18. Jahrhunderts (siehe z. B. Adam Smith) grundsätzlich in Frage gestellt.

Notizen

Arbeitsbereich III: Geldwirtschaft

M 11, S. 53
Gespräch zwischen einem Bauern und einem Bürger, 1523

Der Kapitalgeber fordert den Acker als Sicherheit und gewährt einen Kredit. Wenn der Kreditnehmer die Zinsen nicht mehr zahlen kann, fällt das Pfand an den Gläubiger. Der von Luther als Symbol des Wuchers und des Eigennutzes kritisierte Gülten- oder Rentenkauf war bei Handwerkern und Bauern gängiges Mittel zur Geldbeschaffung; Bauern nahmen z. B. für den Kauf von Vieh oder für die Erschließung neuer Wirtschaftsflächen Kredite auf, Bürger für den Kauf von Immobilien. Kreditgeber konnten reiche Bauern und Handwerker sein (vgl. S. 43); selbst Geistliche fungierten als „Landbankiers" zur Stillung des Geld- und Kreditbedarfs.

M 12, S. 54
Brief der Ravensburger Handelsgesellschaft, um 1450

Das Schreiben formuliert grundlegende Regeln für das Verhalten des Kaufmanns: Er soll nach Gewinn streben, Verluste vermeiden und sich durch „kundenfreundliches" Verhalten einen festen Kundenstamm schaffen. Dies erfordert Ehrlichkeit und ständige Einsatzbereitschaft für die Firma. Ältere sollen Vorbild für den Nachwuchs sein. Hochschätzung von Wettbewerb und individueller Leistung sind Kennzeichen der neuen Wirtschaftsgesinnung.

M 13, S. 54
Tabelle: Jahreseinkommen in Deutschland, Anf. 16. Jh.

Trotz des Expansion von Geld- und Kreditgeschäften blieben Naturaleinkünfte für viele Berufsgruppen wichtig. Dienstmädchen und Hausknechte erhielten zu ihrem Lohn freie Kost und Unterkunft, dazu jährlich Kleider, Kleiderstoffe und Schuhe. Beim Landsknechteinkommen handelt es sich um einen Spitzenverdienst. Üblicherweise wurden Landsknechte nur für einen Feldzug angestellt und erhielten monatlich 4 fl. „Gartende" Landsknechte, die auf der Suche nach „Kriegsunternehmern", d. h. Söldnerführern durchs Land streiften, wurden in der ersten Hälfte des 16. Jahrhunderts zu einem sozialen Problem. Niedere Geistliche, deren Einkommen von den Naturaleinkünften ihrer Pfründen bestimmt wurde,

konnten ihr Salär durch Nebeneinnahmen aufbessern. Auch Spitzenverdiener wie Professoren und Beamte erhielten Teile ihres Jahresverdienstes als Naturalien (Brennholz, Wein). Ein Taglöhnereinkommen von 20 fl wurde nur bei ganzjähriger Beschäftigung erreicht. In Württemberg waren erst Bauern mit einem Vermögen von mehr als 50 fl nicht mehr auf Arbeit im Taglohn (als Schnitter bei der Getreideernte oder bei der Weinlese) angewiesen.
Zur Auswirkung der Preis-Lohn-Schere auf geldabhängige Einkommen vgl. M 4, S. 47.

M 14 bis M 17, S. 55 f. Materialien zum Rechenbuch von Adam Ries, 1522

Ries fordert für die Arithmetik eine zentrale Stellung im Bildungssystem. In der mittelalterlichen Universität gehörte sie zu den sieben freien Künsten, die in die mathematischen Fächer des Quadriviums (Arithmetik, Geometrie, Astronomie, Musik) und in die sprachlichen Fächer des Trivium (Grammatik, Rhetorik, Dialektik) geteilt waren.
Mit der Ablösung der Naturalwirtschaft durch die Geldwirtschaft und der Entwicklung frühkapitalistischer Handelsformen musste auch der „gemeine Mann" rechnen lernen. In erster Linie ging es um die Beherrschung des praxisbezogenen kaufmännischen Rechnens, das erst durch die Verwendung arabischer Ziffern möglich wurde.

Aufgaben 13 und 14, S. 54
Siehe die Erläuterungen zu M 11.

Aufgabe 15, S. 54
Siehe die Eräuterungen zu M 12.

Aufgaben 16 und 19, S. 56
Siehe dazu die Erläuterungen zu M 14 bis M 17.

Notizen

Arbeitsbereich IV: Fernhändler und Merkmale des Handelskapitalismus

M 18, S. 57 Fugger-Chronik, 1599

Zur Quelle: Der Aufstieg des Handelshauses zur Zeit Jakob Fuggers beruht nach der Chronik auf
- gründlicher, in Venedig gewonnener Kenntnis des internationalen Handels (Z.11);
- der Erschließung neuer Geschäftsfelder in Bergbau und Geldhandel (Z. 26 f.);
- der Kooperation mit anderen Handelshäusern und dem Aufbau von Monopolen (Z. 29);
- der engen Verbindung von ökonomischen und politischen Interessen (Z. 41 f.).

Gewinne wurden auch in Grundbesitz angelegt, um die Risiken von Fernhandel, Montan- und Geldgeschäften abzusichern. Dies bereitete den Übertritt der Fugger in den Adel vor; 1530 wurden sie zu Reichsgrafen erhoben.
Zum Hintergrund: Zur Zeit der Entstehung des Textes hatten die Fugger wie auch andere oberdeutsche Firmen ihre frühere Spitzenstellung in der Wirtschaft verloren; Amsterdam, Rotterdam und London stiegen zu neuen, dem Atlantik zugewandten Zentren der Weltfinanz und des Welthandels auf.

M 19, S. 57 Gemälde: Jakob Fugger, 1538

Jakob Fugger wird als erfolgreicher Bankier dargestellt. In der Hand hält er eine Geldwaage, auf dem Tisch liegen Schriftstücke und Bücher und ein Kästchen, das wohl die Waaggewichte enthält.

M 20, S. 58 Gemälde: Augsburger Monatsbilder, Anf. 16. Jh.

Das Bild zeigt das städtische Leben in den Monaten Oktober bis Dezember.
Im Vordergrund geleiten zwei Herolde in den Stadtfarben die Ratsherren aus dem Rathaus, an dessen Vorderseite man die Eisenringe des Prangers erkennt. An der Rückseite des Rathauses findet der Korn- oder Brotmarkt statt. In der Ladenzeile vor dem Perlachturm in der Bildmitte halten Krämer ihre Waren feil. Bauern treiben Schweine auf den Markt und bringen Brennholz; Bäuerinnen verkaufen Geflügel; vor der alten Metzig nimmt ein Metzger ein Schwein aus.

Eine vornehme Dame lässt sich auf einem reich verzierten Schlitten durch die verschneite Stadt ziehen – das war eines der winterlichen Hauptvergnügen der Augsburger Oberschicht.
Links sieht man in die Stube eines Bürgerhauses. Hausherr und Hausfrau lassen sich Geflügel und Fische anbieten, in der Ecke sitzt eine Frau am Spinnrocken. Das Bild, das in der italienischen Tradition der Darstellung der „guten Stadtregierung" steht, zeigt eine heile Welt. In den dreißiger Jahren des 16. Jahrhunderts herrschte Fleich- und Getreidemangel, und wegen des Raubbaues in den Wäldern kam es zu Versorgungsengpässen bei Brennholz. Angehörige der in ihrer Mehrheit armen Weber werden auf dem Bild ebensowenig dargestellt wie andere lohnabhängige Einwohner der Unterschicht, die um 1530 rund 75 Prozent der Gesamteinwohnerschaft ausmachte.
Da eine Kopie des Gemäldes im Privatbesitz der Fugger war, kann man das Bild auch als eine gesellschaftliche Idealvorstellung reicher Fernhandelskaufleute interpretieren.

M 21, S. 59
Vertrag der Fugger mit anderen Handelshäusern über Kupferhandel, Anf. 16. Jh.

Siehe die Erläuterungen zu Aufgabe 21, S. 61.

M 22 a, S. 59 f.
Michael North über die Beteiligung der Fugger am amerikanischen Silber, 1994

M 22 b, S. 60
Grafik: Europäische Edelmetallimporte aus Amerika 1503/10–1691/1700

Genuesische Banken und oberdeutsche Handelshäuser brachten das amerikanische Edelmetall in den Umlauf, indem sie der spanischen Krone Kredite gewährten, die durch das Silber abgesichert waren.
Der Einfluss auf die europäischen Währungen ist umstritten. Bereits 1568 machte Jean Bodin den Zustrom von Edelmetall für Preissteigerungen verantwortlich; heute wird die Bevölkerungszunahme, d. h. die Steigerung der Nachfrage nach Waren und Dienstleistungen, als entscheidender Faktor betrachtet. Sicher ist aber, dass die Silberzufuhr in England (Kaperfahrten Francis Drakes) die Geldmenge erhöht hat.
Im Reich wurde amerikanisches Silber in der Münzstätte Hall/Tirol geprägt. Spanische Talerprägungen gelangten vor allem aus den Niederlanden in den Umlauf. Wahrscheinlich floss viel amerikanisches Silber aus Deutschland nach Osteuropa (Viehimporte) und Italien ab (Import von Luxusgütern); Geldentwertung und Preissteigerungen im Reich dürften neben den aus M 4, S. 47, erschließbaren Gründen auch durch die Prägung minderwertiger Scheidemünzen durch die Landesherrn beschleunigt worden sein. Sicher ist, dass die negative Handelsbilanz Kastiliens und die Tatsache, dass das amerikanische Edelmetall wesentlich zur Finanzierung der Außenpolitik und zur Kriegsführung verwendet wurde, zu den spanischen Staatsbankrotten von 1557, 1575 und 1596 beigetragen haben. Die Einstellung von Kredit- und Zinsrückzahlungen und der Krieg gegen die Niederlande brachten den oberdeutschen Handelshäusern schwere Einbußen.

M 23, S. 61
Schaubild: Verflechtungen einer frühkapitalistischen Handelsgesellschaft

Das Schaubild zeigt:
- die verschiedenen Märkte, auf denen Rohstoffe und Fertigwaren abgesetzt werden. Die Faktoreien dienten auch dem Zwischenhandel mit anderen Handelshäusern;
- die breite Kapitalstreuung und die Verflechtung mit anderen Firmen;
- die Investitionen im Montanbereich. Dabei war das Handelshaus auf die Vergabe von Nutzungsrechten durch die Fürsten angewiesen, die das Bergregal besaßen;
- die Produzenten, d. h. die im Stücklohn oder im Verlagssystem arbeitenden Handwerker;
- den Fernhandel, der auch Formen kolonialer Expansion annehmen konnte wie die von den Welsern finanzierten Expeditionen in Mittel- und Südamerika.

Tätigkeiten im Montanbereich und im Geldgeschäft führten zu einer gegenseitigen Abhängigkeit von Politik und Unternehmen. Der wachsende Bedarf an billigen und standardisierten Gütern (Textilien, Metallwaren) förderte die Ausbildung des Verlagswesens und damit die Trennung von Kapital und Arbeit. In manchen Regionen kam es zu „protoindustriellen" Produktionsformen wie dem Heimgewerbe, d. h. zur Herstellung von Gütern für oft weit entfernte Märkte nach kommerziellen Gesichtspunkten (vgl. M 28 c, S. 67).

M 24, S. 61
Tabelle: Preise für Gewürze im Fernhandel, um 1500

Wegen des hohen Fleischkonsums war der Gewürzimport von großer Bedeutung, auch pflegte man oft dem Wein Gewürze zuzusetzen. Der zunächst von den Portugiesen beherrschte Gewürzhandel auf der Linie Südostasien – Lissabon – Antwerpen und der von den Handelsfirmen besorgte Weitertransport nach Oberdeutschland brachte hohe Gewinne, erforderte aber auch Risikobereitschaft.

M 25, S. 64
Karte: Das Bank- und Handelshaus der Fugger Anf. des 16. Jh.

Europa kann um 1500 in vier große Handels- und Wirtschaftsräume gegliedert werden:
1. der Ostseeraum (Getreide, Felle, Holz, Wachs);
2. die Atlantikküste von Portugal bis zu den Niederlanden. Amsterdam ist Umschlagplatz für osteuropäisches Getreide nach Portugal, Lissabon wird nach der Eröffnung der Asienroute Zentrum des Gewürzhandels mit Nordwesteuropa;
3. das Mittelmeer. Genua und Venedig sind wichtige Finanzzentren und Warenvermittler zwischen dem Orient und Europa;
4. die Bergbau- und Gewerberegionen Mitteleuropas. Frankfurt und Leipzig sind wichtige Messeplätze.

In jeder dieser durch Handel verbundenen Regionen sind die Fugger vertreten. Große Bedeutung erlangen die südspanischen Quecksilberminen, die Karl V. 1524/25 den Fuggern verpachtete. Augsburger Kaufleute erhielten von den Habsburgern auch das zweite wichtige Quecksilbervorkommen in Slowenien. In Europa benötigte man Quecksilber, um im Amalgamationsverfahren Gold aus dem Gestein zu lösen, in Peru und Mexiko wandte man das Verfahren zur Silbergewinnung an. Auch nach der Erschließung von Quecksilbervorkommen in den Anden blieb Spanien auf Quecksilberimporte aus Europa angewiesen. Der von Augsburger Firmen betriebene Quecksilberbergbau erreichte deshalb Weltmarktdimensionen.

M 26, S. 64
Brief Jakob Fuggers an Karl V., 1524

Jakob Fugger weist Karl V. unverblümt darauf hin, dass er die Kaiserkrone dem Geld der großen Handelsfirmen verdankt, deren Interesse es war, die Wahl Franz I. von Frankreich zum römisch-deutschen Kaiser zu verhindern. Wegen der engen Verbindung zwischen dem oberdeutschen Kapital und Habsburg hätte ein Scheitern Karls schwere geschäftliche Einbußen bedeutet. Die Wahlhilfe belief sich auf über 850 000 fl, von denen Jakob Fugger über die Hälfte finanzierte. Der größte Posten waren Bestechungsgelder an Kurfürsten und ihre Räte.

M 27, S. 65
Stephan Finsterbach über die Fugger, 1999

Die Wirtschaftsethik des Mittelalters basierte auf Aristoteles, den Aussagen der Bibel und den Lehren der Kirchenväter. Grundlagen waren:
- das Zinsverbot, das aus dem Prinzip der „Unfruchtbarkeit des Geldes" abgeleitet wurde. Zins galt als nicht aus eigener Arbeit herrührendes Einkommen, sondern als ungerechtfertigte Bereicherung und Verstoß gegen die Nächstenliebe. Im 13. Jahrhundert gestattete Thomas von Aquin aber Darlehen an Kaufleute und Handwerker, d. h. Gewinnbeteiligungen;
- die Lehre vom „gerechten Preis". Preise und Löhne sollten anhand „objektiver" Kriterien wie Rohstoffkosten und Arbeitsaufwand gebildet werden, sich also nicht an Angebot und Nachfrage orientieren. Der Preis sollte die Bedürfnisse des Produzenten decken („gerechte Nahrung") und ihm ein seinem Stande entsprechendes Leben ermöglichen. Was darüber hinausgeht, steht den Armen zu; Reichtum soll also das Wohl aller zum Ziel haben;
- die Lehre, dass Handel nur notwendige Bedürfnisse befriedigen soll. Er darf nicht auf Gewinn oder auf die Erringung einer marktbeherrschenden Stellung (Angebotsmonopol) ausgerichtet sein.

Die Theorie einer nicht an Markt und Wachstum orientierten Bedarfsdeckungswirtschaft stand in krassem Gegensatz zur Realität des Frühkapitalismus. Auch das hoch entwickelte Finanzsystem der Kirche nutzte die neuen Formen der Geldwirtschaft und war auf gewinnorientierte Zusammenarbeit mit Geldhäusern wie den Medici und den Fuggern angewiesen. Der Einstieg von hohen Kirchenfürsten als „stille Teilhaber" in Handelsfirmen (Z. 5 f.) war nicht nur ein Weg, das eigene Gewissen zu beruhigen, es geschah auch, um brachliegendes Kapital in beiderseitigem Interesse zu mobilisieren.

Andererseits versuchte man, mit großem argumentativem Aufwand die Widersprüche zwischen der offiziellen Kirchenlehre und dem tatsächlichen Wirtschaftsgebaren zu überbrücken: Gegen die These, das Zinsen „arbeitsloses" Einkommen seien, wandte man ein, dass die Sorge des Gläubigers um sein Kapital als eine besondere Form der Arbeit zu bewerten sei. Der Konflikt zeigt sich bei Jakob Fugger selbst: Bei allem Gewinnstreben war er ein eher traditionell orientierter Mann, der in Augsburg die Fuggerei, eine Armensiedlung, stiftete. In dem Ingolstädter Professor Johann Eck glaubte er einen Theologen gefunden zu haben, der die ethischen Konflikte überbrücken konnte. In Bologna zog Eck Thomas von Aquin zur Bestätigung seiner These heran, dass man streng zwischen Zins und Wucher unterscheiden müsse und dass ein Zinssatz von 5 Prozent gerechtfertigt sei, was freilich weit unter den üblichen Zinssätzen oberdeutscher Handelshäuser lag. Nach 1517 wurde Eck zum schärfsten theologischen Widersacher Luthers. Das nährte den weit verbreiteten Glauben, dass die Fugger auch den Kampf gegen die Reformation finanzierten.

Aufgabe 20, S. 58
Siehe die Erläuterungen zu M 18.

Aufgabe 21, S. 61
Die Fugger waren tätig im
- Handel mit Textilien und Gewürzen (M 18, Z. 26),
- im Bergbau und Metallhandel (M 18, Z. 34 f., M 21; siehe auch M 25),
- im Edelmetallhandel und im Bankwesen (M 22 a; siehe auch M 25).

Durch die Verknüpfung von Verlag, Montanunternehmen, Fernhandel und Bankgeschäften entstand eine Unternehmensstruktur, bei der ein Zahnrad ins andere griff und riesige Gewinnspannen möglich wurden. Zwischen 1511 und 1527 erreichten die Fugger eine jährliche Gewinnsteigerung von durchschnittlich 54,5 Prozent. Die enge Verbindung zwischen Habsburg und den Fuggern begann mit der Absicherung von Fuggerkrediten durch Nutzungs- und Schürfrechte in Bergbaurevieren der habsburgischen Erblande und in Ungarn. Hiermit und durch Absprachen mit dem Krakauer Handelshaus Thurzo sicherten sich die Fugger jahrzehntelang das Kupfermonopol in Mitteleuropa. Die Ausweitung der Geschäftstätigkeiten folgte dem Aufstieg der Habsburger: 1477 kam mit Burgund auch Antwerpen, das wichtigste Zentrum des nordeuropäischen Kupferhandels, an Habsburg. Die Übernahme der Herrschaft in Spanien durch die Habsburger eröffnete den oberdeutschen Handelsfirmen globale Chancen. Deshalb finanzierten sie die Wahl Karls V. zum Kaiser; die Fugger ließen sich die Wahlhilfe durch Nutzungsrechte an den spanischen Quecksilber- und Zinnobervorkommen absichern (vgl. M 26, S. 64 f.). Wie andere Handelshäuser konnten sie sich an der Ausbeutung der neu entdeckten Gebiete in Amerika beteiligen und schleusten das amerikanische Silber in den europäischen Geldkreislauf, um es für Habsburg politisch nutzbar zu machen (vgl. M 22 a).

Aufgabe 22, S. 61
Siehe die Erläuterungen zu M 23.

Aufgabe 23, S. 61
Das Handels- und Bankhaus Fugger war die vollendetste Form der oberdeutschen Familienhandelsgesellschaft. Von kleineren Firmen unterschied es sich durch die weltweite Tätigkeit und die enge politische Bindung an das Haus Habsburg.
Von heutigen Unternehmen unterscheidet es sich durch Aktivitäten auf den verschiedensten Geschäftsfeldern; die Güterproduktion war im Vergleich zum Fernhandel und zu den Bankgeschäften insgesamt nachrangig.

Aufgabe 24, S. 61
Siehe die Erläuterungen zu M 22 a und b.

Aufgaben 27 und 28, S. 65
Siehe die Erläuterungen zu M 26.

Aufgabe 30, S. 66
Siehe die Erläuterungen zu M 27.

Notizen

Arbeitsbereich V: Der Frühkapitalismus in der zeitgenössischen Diskussion und die Frage der Globalisierung

M 28 a, S. 66
Abschied des Reichstags zu Trier und Köln, 1512

M 28 b, S. 67
Conrad Peutinger in einem Gutachten, 1530

M 28 c, S. 67 f.
Hans Sachs in einem Prosadialog, 1524

M 29, S. 66
Flugblatt: Die Gewinnsucht, um 1530

M 28 a: Auf den Reichstagen taten sich vor allem diejenigen Stände als Kritiker des Frühkapitalismus hervor, die keine eigenen Erzvorkommen oder überregionale Wirtschaftsbeziehungen hatten. 1512 wurden monopolartige Strukturen verboten und die Obrigkeiten mit der Preiskontrolle betraut. 1522/23 untersagte der Reichstag von Nürnberg Kapitalanhäufungen von mehr als 50 000 fl in einer Hand, ein Beschluss, der sich eindeutig gegen die großen oberdeutschen Firmen richtete. Die Antimonopolpolitik der Reichstage scheiterte aber am Bündnis dieser Unternehmen mit den Fürsten, vor allem mit den Habsburgern.

M28 b: Peutinger versucht, die Kritik von M 28 a zu widerlegen, und formuliert die Grundsätze der neuen Wirtschaft: Eigeninitiative, Wettbewerb und freie Entfaltung stehen nicht im Gegensatz zum Gemeinwohl, sondern kommen ihm zugute.

M 28 c: Der literarische Text kontrastiert die herkömmliche Wirtschaftsethik mit der Situation des handwerklichen Produzenten im nichtzünftigen Großgewerbe. Der Handwerker kauft das Rohmaterial nicht mehr selbst, sondern erhält es vom Verleger, der auch den Absatz der Ware besorgt. Der Produzent ist zum Stückwerker geworden; dies bedeutet soziale und wirtschaftliche Abhängigkeit und Unterwerfung unter die vom Verleger auferlegte Gewinnmaximierung.

M 29: Die Karikatur geißelt das Streben nach Gewinn und Eigentum; das Wort „Elck" (flämisch = jeder) auf den Kleidern der Habgierigen unterstreicht dies.

Die auf dem Boden liegenden Spielkarten und das Schachspiel sind Symbole flüchtigen Gewinns. Die unbenützte Waage vor den Warenballen zeigt, dass Gerechtigkeit nichts mehr gilt.

Die ganze Welt steht im Zeichen des Narren und des Todes; die Inschrift auf dem Narrenbild sagt aus, dass sich niemand selbst erkennt.

Am unteren Rand wiederholen zwei lateinische Distichen die Botschaft des Flugblattes: „Jeder strebt nach eigenem Gewinn, wohin er geht. Jeder sucht sich in allem, was geschieht. Jeder sieht sich überall nach Reichtum um. Einer sucht da, der andere dort nach Gewinn. Wir alle kennen nur eine Liebe, das Eigentum."

Siehe auch die Erläuterungen zu den Aufgaben 36 und 37.

M 30, S. 67
Karikatur: Aktien, 1997

Die Karikatur kritisiert das Übergewicht des Kapitals über die Arbeit. Ziel des Kapitaleinsatzes ist die Steigerung von Produktivität und Gewinn; dies kann vor allem durch den Einsatz moderner Technologien auf Kosten menschlicher Arbeit geschehen oder durch Verlagerung der Produktion in Niedriglohnländer.

M 31, S. 68 f.
Interview mit einem Experten zur Kommunikation um 1500

M 33, S. 70
Gemälde: Reisewege, 1511

Beide Materialien weisen darauf hin, wie gefährdet die Infrastruktur der Wirtschaft um 1500 war.

M 31: Der Forscher verweist auf die Vielfalt, aber auch auf die hohen Kosten und die Unsicherheit der Kommunikationssysteme.

M 33: Bild und Text zeigen die ständige Gefährdung des Reisenden durch Unbilden der Natur und die Unsicherheit der Straßen. Wegen der schlechten Straßen benützte man so weit wie möglich Wasserwege, auf denen vor allem Massengüter wie Getreide und Wein, aber auch Vieh und Textilien transportiert wurden. Landverkehr war langsam und teuer. Über den Brenner, die wichtigste Verbindung zwischen Mittel- und Südeuropa, wurden um 1500 nur rund 4000 Tonnen Handelsgüter jährlich befördert. Ein Frachttransport von Augsburg nach Straßburg (etwa 300 km) dauerte 1590 acht bis zehn Tage, eine Fußreise von Nürnberg nach Venedig zwischen 10 und 13 Tage. Bei Talfahrt auf dem Rhein

konnte ein Handelsschiff dagegen 150 km täglich zurücklegen.
Im Zusammenhang mit der Frage nach dem Beginn der Globalisierung weisen M 31 und M 33 auf die Grenzen frühkapitalistischer Wirtschaftsweisen um 1500 hin. Denn der Austausch von Informationen und das Reisen waren noch sehr unsicher, viel zu langsam und nicht so planbar, wie es mithilfe moderner Kommunikationsnetze und Verkehrsmittel heute möglich ist.

M 32, S. 69
Karte: Überseehandel um 1700

Um 1700 gibt es ein dichtes, von den europäischen Anrainerstaaten des Atlantik kontrolliertes Netz transkontinentaler kommerzieller Beziehungen. Die islamische Welt hat ihre alte Stellung als Mittlerin zwischen Europa und Asien verloren. Mit amerikanischem Edelmetall werden Produkte in Asien bezahlt; Leitwährung Chinas im 17. Jahrhundert ist der mexikanische Silberpeso. Amerika ist Absatzgebiet für europäische Produkte und liefert neben Edelmetallen begehrte neue Produkte wie Zucker und Tabak. Diese Globalisierung wird von transkontinentalen Migrationsströmen begleitet: Europäische Siedler lassen sich in Amerika nieder, die amerikanische Plantagenwirtschaft ist auf die Zulieferung von Sklaven aus Westafrika angewiesen. Als einzige Großregion ist Russland nicht direkt in den Welthandel einbezogen; das Mittelmeer und Mitteleuropa werden zu Randgebieten der entstehenden atlantischen Welt.

M 34, S. 71
Grafik: Weltexporte seit 1820

M 35, S. 71
Grafik: Beschäftigungsstrukturen seit 1800

M 36, S. 71
Grafik: Verflechtung des Welthandels heute

M 34: Aus dem Anstieg des Weltexports kann auf ein kontinuierliches, nur in der Epoche der Weltkriege und der Weltwirtschaftskrise unterbrochenes globales Wirtschaftswachstum geschlossen werden. Mit dem Wachstum der Exporte beschleunigt sich auch die Verflechtung der Volkswirtschaften der Industrieländer, für die der Export eine wesentliche Stütze des Arbeitsmarkts und des Wohlstandsniveaus ist.

M 35: Wirtschafstwachstum und Strukturwandel sind eng verbunden. Seit Beginn des Industriezeitalters sinkt die Bedeutung des primären Sektors (Landwirtschaft). Am Ende des 20. Jahrhunderts wandelt sich die Industriegesellschaft zur Informationsgesellschaft; der tertiäre Sektor (Dienstleistungen, Informationstechnologie) löst den sekundären Sektor (Industrieproduktion) als Leitsektor ab.

M 36: Wirtschaftswachstum und globale Verflechtung werden von Nordamerika, Westeuropa und Ostasien als den Zentren der Weltwirtschaft getragen. Welche Bedeutung der Export hat, zeigt der Aufstieg der ostasiatischen „Tigerstaaten" (Taiwan, Singapur, Südkorea). Die übrigen Regionen spielen weltwirtschaftlich nur eine untergeordnete Rolle. Afrika partizipiert kaum am Welthandel und wird zum Armenhaus der gobalisierten Wirtschaft.

Aufgaben 32 und 33, S. 68
Siehe die Erläuterungen zu M 28 a bis c und M 29.

Aufgabe 34, S. 68
Es kann keine eindeutige Antwort geben. Charakteristisch für die Zeit um 1500 ist das Nebeneinander von agrarischer Subsistenzwirtschaft, traditioneller Zunftwirtschaft, Verlagswesen und „global" agierenden Handels- und Bankhäusern. Sicher ist, dass in allen Bereichen die Marktorientierung, die Verflechtung zwischen Stadt und Land und zwischen weit voneinander entfernten Gewerberegionen zugenommen hat. Dies führte auch zu wachsender Spezialisierung und Arbeitsteilung, z. B. zum Entstehen ausgesprochener Exportgewerbe im Textil- und im Metallbereich. Das von den großen Handelsfirmen akkumulierte Kapital wurde in neue, z. T. protoindustrielle Produktionsformen und in den Ausbau des Fernhandels investiert. Bevölkerungswachstum und steigender Lebensstandard vor allem der städtischen Mittel- und Oberschichten begünstigten Produktion und Warenaustausch.

Aufgabe 35, S. 68
Siehe die Erläuterungen zu M 30.

Aufgaben 36 und 37, S. 68
Im Zentrum der heutigen Globalisierungsdiskussion stehen folgende Probleme:
– die globale, wettbewerbsorientierte Verflechtung der Güterproduktion, der Dienstleistungs- und Kapitalmärkte durch Kapitalströme und Diffusion moderner Technologie;

- die zunehmende internationale Arbeitsteilung und der beschleunigte Strukturwandel;
- die wachsende Bedeutung transnationaler Unternehmen („global players").

Kritiker der Globalisierung weisen auf den Verlust von nationalen Handlungsspielräumen und politischer Steuerungsmacht hin. Die wachsende Standortkonkurrenz kann zum Verlust von Arbeitsplätzen und zu sozialen Konflikten führen. Vor allem in Deutschland befürchtet man, dass die Prinzipien der sozialen Marktwirtschaft, die auf einen „gerechten" Ausgleich zwischen Starken und Schwachen ausgerichtet sind, zugunsten einer global orientierten „Leistungsgerechtigkeit" aufgelöst werden, die den Stärksten die meisten Vorteile bringt.

Ungelöst ist auch das Problem des zunehmenden Wohlstands- und Wachstumsgefälles zwischen den Industriegesellschaften der „Ersten Welt", die Träger der Dynamik sind, und den Ländern der „Dritten" und „Vierten Welt". Hieraus resultiert die Frage nach Umverteilung des globalen Wohlstandes und der Steuerung der Migration in die „Erste Welt".

„Globalisierung" verstanden als ökonomische Austauschbeziehungen zwischen Weltregionen ist an sich kein neues Phänomen. Global in Bezug auf die damals bekannte Welt war auch der Handel im europäischen Mittelalter, der sich bis nach Westafrika (Gold) und Ostasien (Gewürze, Seide) erstreckte; „global players" waren auch die Hanse und die großen italienischen Bankhäuser des 14. Jahrhunderts.

Einige Elemente der aktuellen Globalisierungsdikussion finden sich in M 28 a bis c und M 29:

M 28 a: Problem der Bewahrung politischer Regelungskompetenz und Setzung eines rechtlichen Rahmens, innerhalb dessen sich die Wirtschaft bewegt;

M 28 b: Hochschätzung unternehmerischer Initiative und Akzeptanz des Wachstums durch Deregulierung, d. h. Verzicht auf politische Lenkung;

M 28 c: Unterordnung der Arbeit unter die Interessen des Kapitals.

Aufgaben 39 und 40, S. 69

Siehe die Erläuterungen zu M 31 und M 33.

Aufgaben 42 und 43, S. 69

Siehe die Erläuterungen zu M 32.

Aufgabe 44, S. 71

Fernhandel, Bankwesen, Montangewerbe und die Entwicklung neuer Produktionsformen (Verlag und Ansätze der „Protoindustrialisierung") können als Elemente der Modernisierung betrachtet werden. Davon unberührt blieben weite Bereiche des zünftisch verfassten Handwerks und der Landwirtschaft.

Aufgabe 45, S. 71

Siehe die Erläuterungen zu M 34 bis M 36.

Notizen

Kapitel 4: Die Entstehung moderner Staaten in Europa am Beginn der Neuzeit

Hinweise zur Arbeit mit den Materialien
Siehe den Kasten im Schülerband S. 76.

M 1, S. 73
Karte: Europa um 1550

Didaktischer Hinweis: Die Karte sollte zur Bearbeitung des Darstellungsteils S. 72 f. („Die Staaten Europas") herangezogen werden. Für das hier nur groben Zügen dargestellte Heilige Römische Reich ist allerdings die ausführlichere Karte von S. 87 (M 15) mit hinzuzuziehen.
Für einen genaueren Vergleich mit der Gegenwart bietet sich eine aktuelle Wandkarte Europas an.

M 2, S. 75
Holzschnitt: Ständehierarchie im Heiligen Römischen Reich, 1493

Die seit dem 15. Jahrhundert häufig anzutreffende Darstellung der Quaternionen hat nichts mit tatsächlichen Herrschafts- und Verfassungsstrukturen zu tun, sondern ist ein Versuch, das Reich als Gesamtheit der Stände symbolisch zu gliedern und zu veranschaulichen. Die Quaternionenordnung war für die bildende Kunst von größerer Bedeutung als für das zeitgenössische „Staatsdenken".

Notizen

Arbeitsbereich I: Die Landesfürstentümer

M 3, S. 76 f.
Hans-Georg Hofacker über Württemberg, 2001

M 4, S. 77 f.
Württembergische Kanzleiordnung, 1422/23

Voraussetzung und Grundlage der Herrschaftsbildung der Grafen von Württemberg waren
- der Zusammenbruch der staufischen Herrschaft im 13. Jahrhundert;
- der Aufkauf von Herrschaften und die Ausübung von Schirmrechten, d. h. der Gerichtsbarkeit, über Klöster;
- die Ausschaltung der Reichsstädte als Konkurrenten und die Einordnung des Adels in den Herrschaftsaufbau durch dienst- und lehnsrechtliche Bindungen;
- die Ausnutzung der Schwäche des Königtums und zugleich die Absicherung der Herrschaftsbildung durch königliche Privilegien.

Zentralisierung, Differenzierung und Expansion sind Kennzeichen landesfürstlicher Herrschaftsbildung; aus vielfältigen Rechten entsteht die frühneuzeitliche „Landeshoheit". Kanzlei und Rat sind der Kern einer „zentralen" Verwaltung, die zuerst im Finanzbereich sichtbar wird; abhängige Beamte übernehmen die Verwaltung der Ämter (regionale Verwaltungsbezirke), in die das Land gegliedert ist.
Die Entstehung der landständischen Verfassung ist ein sekundärer Prozess innerhalb der Ausbildung der Landesherrschaft. Angesichts der administrativen Unfertigkeit des Territoriums benötigt der Landesherr die Stände, um seine Forderungen vor allem auf finanziellem Gebiet durchsetzen zu können. Die Landstände fassen partikulare Kräfte genossenschaftlich zusammen und bringen sie zu einheitlicher politischer Willensbildung.
Eine Sonderstellung nimmt Württemberg insofern ein, als der Adel zu Beginn des 16. Jahrhunderts aus den Landständen ausschied. Der „Landtag" bestand nur noch aus Vertretern der „Landschaft", d. h. der Amtsstädte und der Klöster.

M 4 ist zudem ein Beleg für die Bürokratisierung, die mit der Ausbildung des modernen Staates einhergeht:
- Übersichten über Steuereinkünfte,
- Registrierung aller sonstigen Einkünfte,
- Schriftliche Fixierung und Systematisierung der Informationen (Archive anlegen),
- Festlegung der Kompetenzen in der Verwaltungshierarchie.

M 5, S. 78
Karte: Württemberg 1250–1600

Die Karte zeigt:
- die schnelle Expansion Württembergs in der zweiten Hälfte des 13. und im 14. Jahrhundert. Kernraum der Herrschaft ist das mittlere Neckargebiet;
- die Bedeutung der Schirmrechte über Klöster für die Geschlossenheit des Territoriums;
- das Scheitern der Expansion im südlichen Schwaben. Hier stieß Württemberg auf die übermächtigen Habsburger und mit ihnen verbündete Grafenhäuser (Fürstenberg, Zollern).

M 6, S. 79 f.
Beschwerde der fränkischen Ritterschaft auf dem Reichstag, 1522

Die Problembereiche sind:
- das Bestreben der Fürsten, genossenschaftliche Zusammenschlüsse („Ritterbünde") des Adels zu verhindern, der sich auf seine unmittelbare Stellung unter dem Reichsoberhaupt beruft. Die Fürsten versuchen, die eigenständige politische Willensbildung des Adels und seine Konstituierung als „Reichsstand" zu verhindern;
- das Bestreben mancher Fürsten, durch die Einbehaltung heimgefallener Lehen die wirtschaftliche Existenz der Ritter zu untergraben. Zugleich versuchen die Fürsten, die aus Lehnsbindungen resultierenden Pflichten auszuweiten;
- das Bestreben, den ritterschaftlichen Adel der landesfürstlichen Verwaltung und Gerichtsbarkeit zu unterwerfen (Eingriffe in die grundherrliche Niedergerichtsbarkeit, Verbot der Appellation an Reichsgerichte, Einschränkung von Forst- ,Fisch- und Jagdrechten).

Ziel der Fürsten ist es, die Ritter als landsässigen Adel in ihre Territorien zu integrieren.

M 7, S. 80
Der brandenburgische Kurfürst und die Landstände, 1472

Im ersten Teil der Quelle werden die Probleme (hohe Verschuldung) aufgeführt, die die Einberufung der Stände notwendig machten.

Der zweite Teil enthält die Vereinbarungen zwischen dem Kurfürsten und den Ständen. Gegenüber dem Landesherrn treten sie als Repräsentanten des Landes auf, übernehmen den Schuldendienst und erhalten dafür steuerliche Erleichterungen und Mitwirkungsrechte im Steuer- und Finanzwesen. Ohne ihre Zustimmung darf der Landesherr Herrschaften und Herrschaftsrechte weder verpfänden noch verkaufen.

Der Kurfürst benötigte das Geld vor allem für die Hofhaltung, für die Wahrung des vom fehdelustigen Adel bedrohten Landfriedens und für die Regelung territorialer Streitfragen mit Pommern, Mecklenburg und dem Deutschen Orden.

Vergleich Brandenburg – Württemberg: Der brandenburgische Ausgleich regelt die finanziellen Beziehungen zwischen dem Landesherrn und den Ständen. Der Tübinger Vertrag 1514 (vgl. M 3) sichert der württembergischen „Landschaft" weitreichende Mitwirkungsbefugnisse zu, z. B. bei den äußeren Beziehungen des Landes. Außerdem garantierte er den Untertanen das Recht des freien Wegzugs, sofern sie die Gebühren für die Ablösung leibherrschaftlicher Bindungen bezahlen konnten.

Allgemeine Funktionen der Landstände: Als Rechtsgrundlage für die Mitwirkung von Ständen galt seit dem 14. Jahrhundert der aus dem römischen Recht stammende Grundsatz „was alle angeht, muss von allen bewilligt werden". Ständevertretungen repräsentieren aber nicht das „Volk" im Sinne der „volonté générale" Rousseaus, sondern immer nur Partikularinteressen. Die Entstehung ständischer Repräsentation und der Ausbau ihrer Kompetenzen hängt meist mit der Notwendigkeit zusammen, Herrschaftskrisen überwinden zu müssen. Grundlage ständischer Macht war die Steuerbewilligung; nur über die Stände konnten die Fürsten die Ressourcen ihrer Länder mobilisieren.

M 8, S. 81
Peter Moraw über die Landesfürstentümer, 1985

Merkmale der Landesherrschaft sind:
- die „Bündelung" verschiedenartiger Einzelrechte in der Hand des Landesherrn;

- die Abhängigkeit der Herrschaftsbildung vom Durchsetzungsvermögen ihrer Träger;
- der Aufbau einer die Einzelteile zum „Land“ integrierenden Verwaltung; d. h. der Versuch einer effizienten Durchsetzung des Gewaltmonopols;
- die Entstehung der Landstände als Mitgestalter und/oder Gegner des Landesherrn.

Der Text führt auch die rechtlich nicht fassbaren Voraussetzungen erfolgreicher Herrschaftsbildung an (Z. 36 f.). Insgesamt entsprechen die Ausführungen der Entwicklung der Landesherrschaft im Westen des Reiches.

Der Tübinger Vertrag (vgl. M 3) belegt jedoch, dass das ausschließliche Gewaltmonopol des Landesherrn in Württemberg bis zum Ende des Alten Reiches nicht durchgesetzt werden konnte.

M 9, S. 82
Gemälde: Proträt des Juristen Righetti, 1626/28

Righetti lässt sich vor einem Bücherregal mit den wichtigsten Quellen des kanonischen und des weltlichen Rechts abbilden. Das Bild soll nicht nur seinen intellektuellen Rang, sondern auch die Bedeutung der Jurisprudenz unterstreichen.

M 10, S. 82
Gedicht aus dem 17. Jh.

M 12, S. 83
Gemälde: Der Advokat, 1621

M 10 und M 12 karikieren die Folgen der Zunahme „staatlicher“ Tätigkeit. Das Gedicht zeigt Nichtbeachtung und Verweigerung als Reaktion auf den Regulierungsdrang des frühneuzeitlichen Staates, dessen „Polizey-Gewalt“ das von der Obrigkeit definierte Gemeinwohl durchsetzen will. Die Untertanen sollten zu Fleiß, Sparsamkeit, Gehorsam und damit zur Akzeptanz gesellschaftlicher Ordnung erzogen werden. Die häufige Wiederholung der besonders seit der Reformation erlassenen Zucht- und Kleiderordnungen scheint wenig genutzt zu haben. Ausweitung „staatlicher“ Tätigkeit, Sozialdisziplinierung und Verfestigung der ständischen Gesellschaft werden heute als eng verbundene Phänomene betrachtet.

Folge der Verordnungs- und Gesetzgebungswut ist eine kaum noch zu bewältigende Verschriftlichung von Verwaltung und Gesetzgebung. Ohne fachkundige (und teure) Hilfe ist der Einzelne nicht mehr in der Lage, seine Rechte wahrzunehmen (M 12).

M 11, S. 82 f.
Jürgen Schlumbohm über frühneuzeitliche Gesetze, 1997

Der Text formuliert eine Gegenposition zu M 10 und M 12, indem er die Frage nach der Reichweite politischer Herrschaft in der frühen Neuzeit stellt. Unter Berufung auf das „gemeine Beste“ versuchten die Obrigkeiten, ihre Regelungskompetenz auf alle Lebensbereiche und bis in die alltägliche Lebensführung hinein auszuweiten. Dies geschah vor allem im Zuge der Konfessionalisierung, als die Kirchen zu Trägern neuer moralisch-ethischer und politisch-rechtlicher Normensysteme wurden. Der staatlich-kirchliche Anspruch blieb aber Theorie, weil es noch lange an Exekutivorganen und flächendeckenden Kommunikationsstrukturen mangelte. Das Verkünden von Gesetzen hatte einen eher symbolisch-rituellen Charakter. Der Verfasser kritisiert, dass die Historiker in vereinfachender Weise direkte Verbindungslinien vom frühneuzeitlichen zum modernen Staat ziehen. M 8, S. 81, kann als Beispiel für diese „verkürzende“ Methode betrachtet werden. Moraw lässt sozial- und mentalitätsgeschichtliche Probleme außer Acht und konzentriert seine Darstellung auf die institutionelle Ausformung der Herrschaft und deren rechtliche Grundlagen.

Aufgabe 1, S. 78
Siehe die Erläuterungen zu M 3 und M 4.

Aufgabe 3 und 4, S. 80
Siehe die Erläuterungen zu M 6.

Aufgaben 6 bis 8, S. 80
Siehe die Erläuterungen zu M 7.

Aufgaben 9 bis 11, S. 81
Siehe die Erläuterungen zu M 8.

Aufgabe 14, S. 83
Siehe die Erläuterungen zu M 9, M 10 und M 12.

Aufgaben 15 und 16, S. 83
Siehe die Erläuterungen zu M 11.

Arbeitsbereich II: Das Heilige Römische Reich Deutscher Nation

M13, S. 84
Gemälde: Maximilian I., ca. 1511/16

Maximilian wird durch Szepter, Reichsschwert und Mantel als Herrscher ausgewiesen. Zum doppelköpfigen Reichsadler gehören Krone, Schwert und Ölzweig als Symbole der Herrschergewalt und der Wahrung von Frieden und Recht. Vertreter der geistlichen und weltlichen Stände erweisen dem Kaiser die Ehre; dargestellt sind links der Papst, ein Kardinal und ein Bischof, rechts ein Adliger, ein Bürger und ein Bauer. Maximilian nimmt den Platz ein, der in traditionellen Ständebildern Christus oder der Geistlichkeit zukommt, er beansprucht als Kaiser die höchste weltliche und geistliche Gewalt.

M14 a, S. 85
Nicolaus von Kues über das Reich, 1433

M14 b, S. 85 f.
Job Vener in einer Schrift zur Reform des Reichs, 1417

M14 c, S. 86–88
Anonyme Reformschrift zur Reichsreform, um 1452

Zum Hintergrund: Die Konzepte für eine Reform des Reiches stehen bis zur Mitte des 15. Jahrhunderts in engem Zusammenhang mit der Kirchenreform. Motive waren die Diskrepanz zwischen dem umfassenden Machtanspruch der Kaiser, ihren tatsächlichen Herrschaftsgrundlagen und der Machtstellung der Reichsfürsten, die die Schwäche des Reichs in der Wahrung von Recht und Frieden zur Konsolidierung ihrer Herrschaften nutzten. „Reform" im Verständnis des 15. Jahrhunderts bedeutet aber nicht Schaffung neuer effektiver Strukturen, sondern Rückkehr zu einem alten als ideal betrachteten Zustand.

M 14 a: Ebenso wie M 14 b ist die Schrift in der konziliaren Bewegung verankert. Nikolaus von Kues kritisiert:
- Friedlosigkeit und fehlende Rechtssicherheit,
- Interessenkonflikte und Machtkämpfe zwischen den Reichsständen und zwischen ihnen und dem Reichsoberhaupt,
- den Machtverfall des Kaisertums,
- die Abhängigkeit des Kaisers von den Kurfürsten.

Die Reform des Reiches wie auch der Kirche ist für ihn als Theologen und Kirchenfürsten notwendig, damit die christliche Lebensordnung erhalten bleibt. Ziel der Reform muss die Wiederherstellung der Eintracht von Herrschenden und Beherrschten sein, d. h. der gottgewollten Ordnung mit Papst und Kaiser an der Spitze der Christenheit.

M 14 b: Dr. Job Vener betrachtet Kaisertum (Reich) und Papsttum (Kirche) als universale, für die ganze Christenheit zuständige Institutionen, die nur miteinander reformiert werden können. Dem Kardinalskollegium des Papstes entspricht das Ratskollegium, das dem Kaiser zur Seite gestellt wird und für Rechtsprechung und Friedenswahrung zuständig ist. Die Räte sollen in festgelegten Regionen gewählt werden. In bestimmten Fällen darf der Kaiser nicht gegen die Mehrheit der Räte handeln (Z. 50 f.).

M 14 c: Der Verfasser fordert:
- eine „Hauptstadt", in der der Kaiser und die Kurfürsten gemeinsam die Regierung ausüben,
- die Schaffung eines „Regierungsapparats" mit Kanzlei und Kammer (Finanzverwaltung),
- ein oberstes Reichsgericht,
- die Einteilung des Reichs in Kreise.

Hauptproblem sind die geringen Einkünfte des Reiches. Durch die Garantie effektiver Rechts- und Friedenswahrung soll die Zustimmung der Betroffenen erreicht werden. In diesem Reformvorschlag verbinden sich konziliare Tradition und Herrschaftsanspruch der Kurfürsten, die in dem den Papst wählenden und beratenden Kardinalskollegium ein institutionelles Vorbild sehen.

Vergleich M 14 a bis c: Im Gegensatz zu M 14 a und b argumentiert der Entwurf M 14 c wesentlich pragmatischer. Hinweise auf den sakralen Charakter des Reiches fehlen oder werden – wie die Pflicht des Kaisers zum Schutz der Kirche und der Wiedergewinnung der Herrschaft über Italien – nur beiläufig erwähnt. Der Aufbau einer leistungsfähigen Exekutive nach dem Vorbild der Kurie soll das Reich stärken und ihm den alten Vorrang wieder sichern. Wie M 14 b stammt der Entwurf aus der Feder eines juristisch gebildeten und mit den Problemen der Regierungspraxis vertrauten Mannes.

M16, S. 88 f.
Der ewige Landfrieden, 1495

Der ewige Landfrieden verbot die Fehde als Form adliger Selbstjustiz, die für die mittelalterliche Gesellschaft konstitutiv war.

Im Hinblick auf Streitigkeiten zwischen Reichsunmittelbaren erforderte das Verbot der Fehde die Errichtung des Reichskammergerichts als einer übergreifenden und von der königlichen Hofhaltung getrennten Gerichtsinstanz. Als Inhaber der obersten Gerichtsgewalt berief der König den Vorsitzenden des Gerichts. Die Stände waren maßgeblich an der Benennung der sechzehn Beisitzer beteiligt, von denen die Hälfte Juristen sein sollten.
Das Gericht war zuständig für Landfriedensbruch und für Klagen gegen Reichsunmittelbare; es wurde zur Appellationsinstanz gegen zivilrechtliche Urteile landesfürstlicher und reichsstädtischer Gerichte. Insgesamt bedeutete dies eine Begrenzung der justiziellen Eigenständigkeit kleinerer Reichsstände. Von kurfürstlichen Gerichten durfte nicht an das Reichskammergericht appelliert werden. Die Eidgenossen entzogen sich seiner Judikatur; damit begann ihr Ausscheiden aus dem Reich. Bis zu seiner Verlegung nach Speyer (1527) wechselte das Gericht von einer Reichsstadt zur anderen. Vom Ende des 17. Jahrhunderts bis 1806 hatte es seinen Sitz in Wetzlar.
Vergleiche mit der Gegenwart: Als Parallele könnte die Einrichtung internationaler Strafgerichte im Rahmen „friedensschaffender Maßnahmen" nach Kap. VII der UNO-Charta herangezogen werden. 1993 beschloss der Sicherheitsrat, einen Internationalen Gerichtshof für Kriegsverbrechen im ehemaligen Jugoslawien mit Sitz in Den Haag einzusetzen. Das Gericht kann sich auf weltweit anerkannte Regeln berufen, u. a. auf die Haager Landkriegsordnung (1907), die Charta des Nürnberger Gerichtshofs (1945), die Pariser Konvention zur Bestrafung von Völkermord (1948) und die Genfer Konvention zum Schutz von Kriegsopfern (1949). 1998 beschloss die UNO die Gründung eines Ständigen Internationalen Gerichtshofs zur Ahndung von Kriegsverbrechen und Völkermord, der vor allem bei Untätigkeit oder Nichtexistenz nationaler Gerichte tätig werden soll. Die USA lehnen dieses Gericht ab, weil sie nicht auf nationale Souveränitätsrechte verzichten wollen und eine Einschränkung ihrer Kompetenzen als Vetomacht im Sicherheitsrat befürchten.

M 17, S. 89 f.
Winfried Schulze über die Reichsreform, 1987

Das Fehdeverbot und die Errichtung des Reichskammergerichts (M 16) dienten der Sicherung des inneren Friedens und der Modernisierung der Rechtsprechung. Die Reichsreform insgesamt (M 17) hat das Reich nicht im Sinne neuzeitlicher „Staatlichkeit" weiterentwickelt, sondern seinen dualistischen Charakter bestätigt. Zu einer in einem „Reichsregiment" institutionalisierten Mitregierung der Stände ist es nicht gekommen. Wegen des Fehlens einer „Reichsbürokratie" gelang es nicht, die Untertanen direkt zu besteuern („gemeiner Pfennig"). Dies hätte den Ausschlag für die Entwicklung einer eigenen „Staatlichkeit" des Reiches gegeben. Mit der „Handhabung Friedens und Rechts" wurde der Reichstag zum zentralen Verfassungsorgan (vgl. M 18). Die 1500 (endgültig 1555) geschaffenen Reichskreise entwickelten sich vor allem im politisch kleinräumigen Westen und Südwesten des Reichs zu effektiven von den Ständen getragenen Körperschaften, die ein gemeinsames Handeln ermöglichten (vgl. M 19).

M 18, S. 90
Winfried Schulze über den Reichstag, 1987

Mit der Institutionalisierung des Reichstags wurde das Zusammenwirken von Reichsoberhaupt und Reichsständen erstmals fixiert. Einzige Möglichkeit zur Stärkung der politischen Kompetenzen des Reichs war die Beteiligung der Stände an seiner Leitung unter weitgehender Wahrung ihrer Eigenständigkeit. Der Reichstag wurde zur bedeutendsten Ständeversammlung, das Reich zum größten ständischen Staatswesen Alteuropas. Der „moderne" Staat in Deutschland entstand aber in den Territorien.
Als Vorläufer parlamentarischer Institutionen kann der Reichstag nicht betrachtet werden.

M 20, S. 91
Wahlkapitulation, 1519

Karl ist als Herr der habsburgischen Erblande der mächtigste Reichsfürst. Als Herrscher über die Niederlande, Neapel und die spanischen Reiche repräsentiert er auch eine europäische Großmacht, deren Konflikte mit Frankreich das Reich betreffen. Deshalb bestanden die Kurfürsten während der Wahlverhandlungen auf einer rechtlich verbindlichen Fixierung seiner Regierungsbefugnisse. Die Abmachungen bestätigten die Kräfteverhältnisse, wie sie sich durch die Reichsreform herausgebildet hatten. Sie können in drei Gruppen eingeteilt werden:
– *Mitwirkung der Kurfürsten und Reichsstände:* Beim Abschluss von Bündnissen, bei der Verpfändung von Reichseinkünften, bei der Einführung neuer Steuern und Abgaben, beim Einsatz von Truppen

und bei der Einberufung von Reichstagen wird der Kaiser an die Mitwirkung der Kurfürsten und Reichsstände gebunden.
- *Außerdeutscher Einfluss:* Außerdeutscher Einfluss soll begrenzt werden. Reichsämter dürfen nur mit Deutschen besetzt werden. Deutsch und Latein sind „Amtssprachen". Karl verpflichtet sich, regelmäßig ins Reich zu kommen.
- *Politische Absichtserklärungen:* Zu den politischen Absichtserklärungen gehören die Beachtung der Grundlagen der Reichsverfassung, die Bindung an frühere Abschiede der Reichstage, die Pflicht zur Friedenswahrung und die Anerkennung der hervorgehobenen Stellung der Kurfürsten u. a. als Königswähler.

Aufgaben 18 und 19, S. 84
Siehe die Erläuterungen zu M 13.

Aufgaben 22 bis 24, S. 88
Siehe die Erläuterungen zu M 14 a und b.

Aufgaben 25 und 26, S. 88
Siehe die Erläuterungen zu M 14 a bis c.

Aufgabe 27, S. 88
Nach M 14 a und M 14 b ist das Reich eine die gesamte (westliche) Christenheit umfassende Ordnung. M 14 c führt Deutschland (Z. 20) und Italien (Z. 76) als Teile des Reiches an und beansprucht für „unsere Nation" einen Vorrang über die anderen „Nationen". Zu den Aufgaben von Kaiser und Kurfürsten gehört auch der Schutz der Kirche (Z. 88 f.). Seit der „Erneuerung" des Römischen Reiches durch Karl den Großen (Kaiserkrönung 800) und Otto I. (962) stehen Kaiser und Reich in einem sakralen Bezugsrahmen, sie sind „heilig" (M 14 b, Z. 1 und 79; vgl. M 16, Z. 7). Nach mittelalterlicher Auffassung ist das Römische Reich als letztes der vier Weltreiche (Daniel 2, 37 f.) auch heilsgeschichtlich legitimiert. Um 1500 schloss das Reich Reichsfürsten, Reichsstädte und reichsunmittelbare Stände in einem föderativen Verbund zusammen. Das Kaisertum war zu einer dem deutschen König zustehenden Würde geworden, die keinen konkreten herrschaftlichen Inhalt hatte. Die seit dem Ende des 15. Jahrhunderts übliche Bezeichnung „Heiliges Römisches Reich Deutscher Nation" versuchte den Sakralcharakter des universalen Kaisertums in die Neuzeit hinüberzuretten und zugleich der Nationenbildung Rechnung zu tragen.

Aufgaben 30 bis 32, S. 89
Siehe die Erläuterungen zu M 16.

Aufgabe 33, S. 90
Siehe die Erläuterungen zu M 17.

Aufgaben 34 und 35, S. 90
Siehe die Erläuterungen zu M 18.

Aufgabe 37, S. 90
Die Reichsreform erfüllte wesentliche in M 14 a bis c erhobene Forderungen durch
- die effektivere Wahrung von Frieden und Recht,
- die Beteiligung der Reichsstände an der politischen Willensbildung im Reichstag mit dem Ziel, die Handlungsfähigkeit des Reichs zu verbessern,
- die Einteilung des Reichs in Kreise.

Aufgaben 39 und 40, S. 92
Siehe die Erläuterungen zu M 20.

Notizen

Arbeitsbereich III: Das Reich und Frankreich im Vergleich

M 21, S. 92 f. Machiavelli über Frankreich und das Reich, Anf. 16. Jh.

Im Mittelpunkt des Denkens Machiavellis steht das Problem des zweckrationalen Herrschaftsaufbaus und der Machtsicherung. Aus seiner Sicht ist der Staatscharakter Frankreichs ausgeprägter als der des Reiches:

- Frankreich ist Erbmonarchie (Reich: Wahlmonarchie);
- die Macht des französischen Königs beruht auf großem Krongut (Reich: Reichsgut fast völlig in Händen der Reichsstände);
- der französische König hat die feudalen Zwischengewalten ausgeschaltet und die Stände seinem Willen unterworfen (Reich: ständischer Dualismus, Widerstand der Reichsstände gegen mächtige Herrscher);
- der französische König setzt mit der Hilfe einer nur von ihm abhängigen Bürokratie seinen Willen durch (Reich: moderne Verwaltung entsteht in den Territorien).

Zu den von Machiavelli geschätzten „Herrschaftsgründern" gehört Ludwig XI. (1461–1483; vgl. Z. 78 f.), der die Erhebung von Steuern zum monarchischen Gewohnheistrecht ohne ständische Bewilligung machte und mit dem Ausbau königlicher Verwaltungs- und Gerichtsbehörden begann.

M 22, S. 93 Tabelle: Beamte in Frankreich 13.–17. Jh.

Trotz ihrer Lückenhaftigkeit (vgl. die Methodensonderseite 27) zeigt die Tabelle, dass die Zahl der Beamten in Frankreich im Laufe des 16. Jahrhunderts erheblich anwuchs.

Im Vergleich zum 17. Jahrhundert erscheint die Zahl der Beamten in der Zeit um 1500 noch relativ gering gewesen zu sein, was die Frage aufwirft, inwieweit die von Machiavelli um 1500 angesprochene Ausprägung des Staatscharakters in Frankreich tatsächlich schon funktionierte.

M 23, S. 93 Schema: Entwicklung der Territorialherrschaft in Europa

Das Schema zeigt, dass der Weg zum modernen Nationalstaat über monarchische Herrschaftsordnungen führt. Ausnahme ist die Schweiz, die aus einem Bundesgeflecht autonomer Gemeinden (Eidgenossenschaft) entstanden ist.

In der Gegenwart lösen sich traditionelle Souveränitätsrechte zugunsten supranationaler Organisationen auf.

Aufgabe 41, S. 92

Siehe die Erläuterungen zu M 21, 22 und 23.

Notizen

Arbeitsbereich IV: Staatsgewalt in der Gegenwart

M 24, S. 94 f.
Bartholomäus Grill über die Staatenwelt in Afrika 2000

M 25, S. 94
Karte: Staatszerfall in Afrika, 2000

Der Verfasser betrachtet die postkoloniale Staatsbildung in Schwarzafrika als Ergebnis des Kalten Kriegs. Die neuen Staaten blieben Klienten ihrer alten Herren und profitierten vom Ost-West-Konflikt. Nach dem Ende der Blockkonfrontation zerfallen die Ansätze moderner Staatlichkeit europäischen Typs (Z. 30 f.).

Der Text geht nicht auf das Problem ein, dass viele dieser Staaten von vornherein Kunstgebilde waren, deren Grenzen noch zur Kolonialzeit ohne Rücksicht auf ethnische oder religiöse Gegebenheiten gezogen worden sind. Im Gegensatz zu den „künstlichen" Staaten Schwarzafrikas verfügen „erfolgreiche" Entwicklungs- bzw. Schwellenländer wie z. B. Indien, Vietnam und China über eigenständige, historisch weit zurückreichende Staats- und Verwaltungstraditionen.

M 26, S. 95
Wolfgang Reinhard über die Geschichte der Staatsgewalt, 1999

Charakteristikum des in der Französischen Revolution entstandenen modernen Staats ist die Einheit von Staatsgewalt, Staatsgebiet und Staatsvolk. Der europäische Staatstyp hat als Nationalstaat kollektive Identitäten geschaffen. Durch Verfassung und Gewaltenteilung hat er sich als Rechtsstaat, durch das Streben nach sozialem Ausgleich als Sozialstaat legitimiert.

Der „Export" dieses Staatstyps in Gebiete andersartiger politischer Kultur birgt die Gefahr seiner Auflösung in sich. Dazu tragen auch die ständige Ausweitung staatlicher Aufgaben im Innern und die globale Vernetzung der Staaten bei.

Als Belege für das Ende des modernen Staats europäischen Typs führt der Verfasser ferner an:

- die Entstehung ethnoregionalistischer Bewegungen. Die Menschen identifizieren sich nicht mehr mit Staat und Nation, sondern mit kleineren regionalen Gemeinschaften (Basken, Flamen, Schotten, Korsen);
- die Forderungen der neuen sozialen Bewegungen (Frauenbewegung, Umweltbewegung,Friedensbewegung) nach demokratischer Selbstbestimmung. Dies kann zur partikularistischen Dekonstruktion des modernen Staats durch konkurrierende Gruppenidentitäten führen;
- die Mutation des Staates zur Interessengruppendemokratie, verstärkt durch die Anspruchsdynamik des modernen Sozialstaats. Politik besteht im Aushandeln von Kompromissen mit mächtigen Interessenverbänden. Dieser Neokorporatismus bedeutet für die Regierungen Verlust von Gestaltungsmöglichkeiten;
- die Globalisierung, die eine souveräne Durchführung von Wirtschafts- und Sozialpolitik unmöglich macht;
- die Beschränkung außenpolitischer Bewegungsfreiheit der Staaten durch ihre Einbindung in supranationale Organisationen. Der „Staatenverbund" der Europäischen Union kann bereits als Organisationsform des „nachstaatlichen" Zeitalters betrachtet werden.

Aufgabe 42, S. 95
Siehe die Erläuterungen zu M 24 und M 25.

Aufgabe 44, S. 95
Siehe die Erläuterungen zu M 26.

Notizen

Kapitel 5: „Sumpf der Sünde" oder „Mittelpunkt der Welt"? Der Mensch im Renaissance-Zeitalter

Hinweise zur Arbeit mit den Materialien
Siehe den Kasten im Schülerband S. 101.

M 1, S. 98
Fresko: Krönung des Dichters Piccolomini, 1507

Das Bild ist Teil eines Freskenzyklus in der Piccolomini-Bibliothek in Siena, der bedeutende Ereignisse im Leben des Humanisten Enea Silvio Piccolomini (1405–64) darstellt. Er nahm am Konzil von Basel teil und wurde Kanzleisekretär Kaiser Friedrichs III., der ihn auf dem Reichstag von Frankfurt 1442 zum Dichter krönte. Enea, der als einer der wichtigsten Anreger und Förderer humanistischer Studien nördlich der Alpen gilt, schrieb Komödien und Novellen und verfasste auch Werke über die Geschichte Deutschlands. 1458 wurde er zum Papst gewählt (Pius II.). Bei der Darstellung der Krönung wendet der Maler die seit dem Beginn des 15. Jahrhunderts bekannte mathematisch konstruierbare Zentralperspektive an. Sie macht es möglich, den dreidimensionalen Raum als etwas Selbständiges und Reales zu definieren und auf einer Fläche darzustellen. Das Bild wird ‚Fenster' zu einer vom Maler konstruierten Welt, in die er die Menschen stellt.

Notizen

Arbeitsbereich I: Das neue Verständnis von Wissenschaft und Geschichte

M 3, S. 101 f.
Augustus Valerius' Ratschläge zum Studium, 1563

Griechen und Römer haben Wissenschaft, Literatur und Kunst geschaffen und für alle Probleme beispielhafte Lösungen gefunden. Aufgabe der Gebildeten ist es, diese Leistungen zu tradieren und zu kommentieren, um sie für die Gegenwart nutzbar zu machen.

M 4, S. 102
Holzstich: Die „Sieben Freien Künste", ca. 13. Jh.

Die „sieben freien Künste" („artes liberales") wurden an den Artistenfakultäten der Universitäten gelehrt. Die Absolvierung dieses Grundstudiums war Voraussetzung für das Studium der Fächer der „oberen" Fakultäten, d. h. der Theologie, der Jurisprudenz und der Medizin. „Frei" wurden diese Fächer genannt, weil sie als Gegensatz zu den „artes illiberales" oder „artes mechanicae" betrachtet wurden, die alle Arten handwerklicher oder praktischer Tätigkeiten zur Sicherung des Lebensunterhalts umfassten, u. a. auch Malerei und Architektur. Der Holzschnitt stellt die „Künste" allegorisch dar: links die „redenden" des Trivium (Grammatik, Rhetorik, Dialektik), rechts die „rechnenden" des Quadrivium (Arithmetik, Astronomie, Musik und Geometrie).

M 5, S. 103
Fresko: Die Schule von Athen, 1510/11

Raffael hält am Kanon der traditionellen Wissenschaften fest, er gewichtet sie aber neu und personalisiert sie. Im Zentrum des streng zentralperspektivisch konstruierten Bildes stehen Platon und Aristoteles, die größten Philosophen des Altertums. Platon zeigt mit der Hand zum Himmel (Ideenlehre), Aristoteles weist mit ausgestrecktem Arm auf die Notwendigkeit der Erforschung der Natur hin. Um

dieses zentrale Paar gruppieren sich die übrigen Wissenschaften. Sokrates zählt an den Fingern Argumente auf, wird also als überzeugender Meister der Dialektik dargestellt.
Das Bild ist ein Beispiel für die „narrative" Malerei der Renaissance. Die Wissenschaftler sind eine Kommunikationsgemeinschaft; sie diskutieren und vermitteln anderen ihr Wissen. Es belegt auch das Selbstbewusstsein und das Epochenverständnis der großen Renaissancekünstler: Platon trägt die Züge von Leonardo da Vinci, Heraklit die Michelangelos, Euklid gleicht Bramante. Ihre Leistungen in der Gegenwart werden mit denen der großen Geister der Antike gleichgesetzt. Die Gegenwart strebt nicht mehr dem Vorbild der Antike nach, sie hat es bereits erreicht.

Aufgabe 1, S. 102
Siehe die Erläuterungen zu M 3.

Aufgabe 2, S. 102
Siehe die Erläuterungen zu M 4 und M 5.

Notizen

Arbeitsbereich II: Die neue Kunst

M 6, S. 104
Lorenzo Ghiberti (1378–1455) über Kunst

M 7, S. 104
Zeichnung: Brunnenkopf, Mitte 15. Jh.

Der Kriterienkatalog des Renaissance-Autors zur Bewertung zeitgenössischer Kunst kann aus dem Bildungsprogramm abgeleitet werden, das Ghiberti (M 6) für die Künstler entwirft. Es umfasst den traditionellen Wissenskanon; von besonderer Wichtigkeit sind das Zeichnen, anatomische Kenntnisse und die Beherrschung der Perspektivlehre, deren mathematische Grundlagen der Maler Piero della Francesca in seinen Werken über Mathematik und Perspektive darstellt (M 7). Kunst wird zum Experimentierfeld der Wissenschaften. Der bisher dem zünftigen Handwerk zugeordnete Künstler emanzipiert sich von den „artes mechanicae" mit ihren Einschränkungen und Spezialisierungen. Der Künstler, der diese Kriterien erfüllen will, muss ein umfassend gebildeter Mensch sein, der theoretisches Wissen mit praktischem Können verbindet. Als Verkörperung des Ideals des „uomo universale" gilt Leonardo da Vinci (vgl. S. 175 f., M 5 und M 7), der zugleich Maler, Bildhauer, Ingenieur und Naturforscher war.

M 8, S. 104 f.
Michael Baxandall über Gesten, 1977

M 9, S. 105
Zeichnung: Handstudien, Mitte 15. Jh.

Der Verfasser von M 8 stützt seine Aussagen auf die Zeichensprache in mittelalterlichen Klöstern und auf Grundregeln der Rhetorik, die im 16. Jahrhundert im Druck verbreitet wurden. Die Schwierigkeit besteht darin, dass außerhalb der Klöster Gesten auch durch Konventionen bestimmt, also zeit- und ortsgebunden waren. Einzelne können bis in die Spätantike zurückverfolgt werden, z. B. das Neigen des Kopfes und das Anlegen der Hände an die Wange bei Trauer oder das Ausbreiten der Arme bei seelischer Erschütterung (vgl. M 11). Einige der in M 8 genannten Gesten können auch in M 5 gefunden werden, z. B. bei Platon oder der Willkommensgestus des Mannes in der Sokratesgruppe für die Neuankömmlinge.

M10, S. 106
Giorgio Vasari über Giotto, 1550

Vasari betrachtet Giotto als Schöpfer der „modernen" Kunst der Renaissance. Seine Begabung ließ ihn die vergessenen Regeln der „richtigen" Kunst des klassischen Altertums wieder entdecken. Damit überwand er den strengen Formalismus der byzantinischen Malerei. Hauptkriterien der neuen Kunst sind Naturtreue und realistische Darstellung des Menschen als eines unverwechselbaren Individuums.

M11, S. 106
Gemälde: Giotto, Beweinung Christi, 1302–1305

M 11 erzählt die Geschichte der Kreuzabnahme und der Beweinung Christi. Die skulpturhaft dargestellten Menschen haben individuelle Züge und zeigen Emotionen; die Schilderung intensiver individueller Gefühle wird von jetzt an Bestandteil der Malerei. Der Bildaufbau unterstreicht die Dramatik des Geschehens. Die Linie des von rechts nach links abfallenden Felsens lenkt den Blick des Betrachters auf Maria und Jesus. Das Fehlen einer perspektivischen Raumkonstruktion trennt Giotto von der Malerei der Renaissance.
Im Hintergrund: Andeutungen einer Landschaft. Die Verwendung von Landschaftselementen (Fels) dient aber nur dazu, die Dramatik des Geschehens zu unterstreichen. Für die zentrale Aussage des Bildes sind sie ohne Belang.

M12, S. 107
Gemälde: Madonna mit den großen Augen, um 1260

M 12 zeigt Maria, die mit ihren Händen Jesus stützt, in feierlicher Audienzhaltung vor dem bei Heiligenbildern traditionellen Goldgrund. Die streng frontale Zuordnung ist eine theologische Aussage: Maria ist die „Mutter" der Gläubigen, deren starrer Blick sich über Jesus hinweg auf den Betrachter richtet. Jesus segnet die Menschen. Die Buchrolle in seiner Hand kennzeichnet ihn als das Fleisch gewordene Wort des Herrn (vgl. Johannes 1, 14) und als Verkörperung der göttlichen Weisheit. In den Ecken links und rechts oben sind Weihrauch spendende Engel dargestellt. Eine gefühlsmäßige Bindung zwischen Mutter und Kind, Hauptmotiv vieler individualisierender Mariendarstellungen in Spätgotik und Renaissance, fehlt völlig, ebenso die Einordnung in einen Raum.

M13, S. 108
Gemälde: Lorrain, Landschaft, 1668

Das Bild zeigt eine Landschaft, die sich zum Meer öffnet. Die Anordnung des Gebäudes (links) und der Berge (rechts) verstärken den Eindruck von der Unendlichkeit des Raumes. Im milden Licht scheinen Himmel und Erde ineinander überzugehen. Die „klassische" südliche Landschaft und die tempelartige Architektur des Gebäudes schaffen eine Atmosphäre der Harmonie. Die Menschen scheinen der Darstellung der Landschaft nachgeordnet zu sein, obwohl das Thema von großer Dramatik ist: Weil Abrahams Frau Sarah kinderlos geblieben war, hatte er mit der Ägypterin Hagar den Sohn Ismael gezeugt. Als Sarah wider Erwarten Isaac das Leben schenkte, verlangte sie von Abraham, Hagar und Ismael aus dem Haus zu weisen.
Die Landschaftsmalerei folgt noch der klassischen Farbgebung der frühneuzeitlichen Landschaftsmalerei: Fließende Grün- und Brauntöne im Vorder- und Mittelgrund, Blau- und Grautöne im Hintergrund (Meer, Berge, Himmel). Gegenstände und Personen haben feste Konturen.
Die Landschaftsdarstellung steht jetzt im Zentrum des Gemäldes. Gleichwohl bleibt die Landschaftsmalerei Lorrains weiterhin einem biblischen Thema gewidmet.

M14, S. 108
Gemälde: Turner, Dampfschiff, 1842

Der Betrachter sieht einen Wirbel von Schnee, Rauch und Wellen, dessen Zentrum ein Schaufelraddampfer ist, erkennbar an der Abdeckung des Schaufelrads, Mast und Wimpel. Das fast abstrakte Bild wird nur durch den vollen Titel „lesbar": „Schneesturm"; ein Dampfschiff vor einer Hafeneinfahrt gibt Signale in einer Untiefe und bewegt sich mit dem Lot; der Autor war in diesem Sturm in jener Nacht, als die „Ariel" aus Harwich auslief. Demzufolge muss das weiße Licht in der Bildmitte von einer Signalrakete stammen. Wasser, Wolken und Schiff verschmelzen im großen Aufruhr, der durch Helligkeitsabstufungen strukturiert wird. Das Schiff wird zur Metapher des den Naturgewalten ausgelieferten Menschen, der sich aufgrund seiner technischen Leistungen sicher fühlt und beginnt, die gewalttätigen Aspekte der Natur zu ästhetisieren.
Die Landschaft (Meer, Wolken) wird in diesem Gemälde nicht mehr abbildhaft dargestellt, sondern löst sich auf in einem fast abstrakten Wirbel aus Far-

ben. Anders als noch bei Lorrain sind keine festen Konturen mehr vorhanden.

Aufgabe 3, S. 104
Siehe die Erläuterungen zu M 6 und M 7.

Aufgaben 5 bis 7, S. 105
Siehe die Erläuterungen zu M 8 und M 9.

Aufgabe 8, S. 108
Siehe die Erläuterungen zu M 10.

Aufgaben 9 und 10, S. 108
Siehe die Erläuterungen zu M 11 und M 12.

Aufgabe 11, S. 108
Siehe die Erläuterungen zu M 11 bis M 14.

Notizen

Abeitsbereich III: Das neue Bild vom Menschen

M15, S. 109 Papst Innozenz über den Menschen (Anf. 13. Jh.)

Innozenz schrieb „De contemptu mundi sive de misericordia conditionis humanae" als Kardinaldiakon. Das weit verbreitete Werk war im Spätmittelalter Pflichtlektüre aller Geistlichen; es reflektiert das Bewusstsein der Menschen, durch die Erbsünde und widrige Lebensumstände sündhaft und verdammt zu sein. Eine autonome, selbstbestimmte Existenz ist dem Menschen verwehrt. Er ist abhängig von den Gnadenmitteln der Kirche.
Didaktischer Hinweis: M 15 eignet sich als Einstieg in den Arbeitsbereich neues Menschenbild, da mithilfe der Quelle noch eimal das alte mittelalterliche Menschenbild erarbeitet werden kann.

M16, S. 109 Giovanni Pico della Mirandola über den Menschen, 1487

Pico stellt dieser Schilderung des Elends menschlicher Existenz seine Thesen über die Würde des Menschen entgegen und erfüllt damit eine schon im 14. Jahrhundert von italienischen Humanisten erhobene Forderung. Innerhalb der Schöpfungsordnung genießt der Mensch eine Sonderstellung. Er ist frei, seine Natur und seinen Weg selbst zu bestimmen; diese Wahlfreiheit ist die größte Gabe Gottes an ihn. Die Erbsünde wird für den autonomen Menschen bedeutungslos. Seine besondere Stellung im Mittelpunkt der Welt zwischen dem „Himmlischen" und dem „Irdischen" verpflichtet ihn zu einem aktiven Leben, das nicht mehr von der Enge des mittelalterlichen Ordo-Denkens begrenzt wird. Nicht mehr Geburt, sondern Bildung und geistige Entwicklung bestimmen den Rang des Menschen.
Die Rede zeigt eine unbeschränkte Hochschätzung des Individuums; vom Menschen als Mitglied einer Gesellschaft und von Verpflichtungen gegenüber anderen ist nicht die Rede. So wird Pico zum Verkünder des modernen Individualismus und Subjektivismus. Die Sonderstellung des Menschen schafft Selbstgewissheit und hebt die strikte mittelalterliche Abgrenzung zwischen Gott und Mensch auf.
Picos Ausführungen widersprechen zwar der kirchlichen Lehrtradition, sie richten sich aber nicht gegen den christlichen Glauben: Christus hat durch seinen

Tod die Erbsünde überwunden und dem Menschen die ursprüngliche Freiheit wiedergegeben. Außerdem stützt er sich auf Psalm 82, 6: „Ihr seid Götter und allzumal Kinder des Höchsten."

M 17 a und b, S. 110 f.
Castiglione (1478–1529) über den „Hofmann" und die „Hofdame"

Im „Hofmann", der auf harmonische Weise die Eigenschaften des Kriegers, des Gelehrten und des Literaten in sich vereint, verbinden sich die neue humanistische Bildung und der traditionelle Tugendkodex des Rittertums. Das Ideal des gesitteten, umfassend gebildeten Menschen, der im Auftreten Ziererei vermeidet und überall die rechte Mitte hält, wird zur Grundlage aristokratischer Persönlichkeitskultur.
Die Rolle der Frau wird hier von Männern definiert. Ihre Eigenschaften und Tugenden entsprechen denen des Hofmanns, ebenso das hohe Bildungsniveau. Allerdings gilt für Frauen ein anderer typisch „weiblicher" Verhaltenskodex (S. 111, Z. 10 f.); dazu kommt ihre besondere Verantwortung für das Hauswesen und die Erziehung der Kinder.

M 19, S. 111
Auszug aus dem Grundgesetz der Bundesrepublik

Grundlage des Menschenbildes der Renaissance wie der Moderne ist das Christentum. Als Ebenbild Gottes besitzt der Mensch „natürliche" Rechte, die nach Thomas von Aquin unveränderlich sind und in die der Staat nicht eingreifen darf. Die Renaissance entwickelte die Idee des aktiven und selbstbewussten Lebens, für das die Ideale des mittelalterlichen Christentums – Askese, Frömmigkeit, Ergebung in das von Gott bestimmte Schicksal – keine Rolle mehr spielen. Als selbstbestimmtes, vernunftbegabtes und schöpferisches Wesen ist der Mensch in der Lage, sich selbst und die Welt zu verändern. Auf diesem optimistischen Menschenbild, dem als Ergebnis der Glaubenskämpfe des 16. Jahrhunderts entstandenen Prinzip der Glaubens- und Gewissensfreiheit und der Säkularisierung der christlichen Naturrechtslehre durch die Aufklärung beruhen die modernen Menschenrechte, die in der Virginia Bill of Rights (1776) und in der Erklärung der Menschen- und Bürgerrechte (1789) umfassend und politisch wirksam formuliert wurden. Das Grundgesetz erhebt den Schutz der Menschenwürde zum höchsten Rechtswert, an dem sich das gesamte objektive Recht und alles staatliche Handeln messen lassen muss.

Aufgabe 12, S. 111
Siehe die Erläuterungen zu M 15 und M 16

Aufgaben 13 und 14, S. 111
Siehe die Erläuterungen zu M 17 a und b.

Aufgabe 15, S. 111
Siehe die Erläuterungen zu M 19.

Notizen

Arbeitsbereich IV: Wirtschaft, Kunst und Politik in der Renaissance am Beispiel Florenz

M 20 a, S. 112
Aus den Memoiren von Giovanni Rucellai (1401–1483)

Die Bauten und Stiftungen dienen der Selbstrepräsentation Rucellais und seiner Familie, die zu den politisch einflussreichsten in Florenz zählte. Auch wenn Rucellai die Freuden des Geldverdienens und -ausgebens beschreibt, muss man davon ausgehen, dass die Kirchenbauten sein Gewissen besänftigen sollten, da er als Kaufmann und Bankier ständig gegen das kanonische Wucherverbot verstieß (vgl. Aufgabe 30, S. 66) . So hat auch die Höllenangst der großen Kapitaleigner dazu beigetragen, dass in Florenz die materiellen Voraussetzungen für die Blüte von Kunst und Wissenschaften gegeben waren.

M 20 b, S. 112 f.
Leonardo Bruni über die Verfassung von Florenz, ca. 1438

Bruni idealisiert das politische System der Stadt, indem er das in der Antike (Polybios, Cicero) entwickelte Konzept der „gemischten Verfassung" auf Florenz überträgt. Dieses Konzept sollte Extreme und Machtmissbrauch verhindern und den Bürgern beste Bedingungen für eine aktive Lebensführung schaffen. Dem dient die Verbindung von aristokratischen Elementen (Einberufung der Volksversammlung nur bei Fragen von grundsätzlicher Wichtigkeit) und demokratischen Elementen (Ausschluss der Reichen von hohen Ämtern, kurze Amtsdauer, Besetzung der Ämter durch das Los). In der politischen Realität folgte die Verfassungsordnung nicht abstrakten Prinzipien, sondern war Ergebnis von Machtkämpfen, bei denen es immer um die Frage ging, ob die Reichen aus den „oberen" Zünften das Übergewicht haben oder ob auch die Mittelschichten und die „niedrigen" Zünfte an der Regierung beteiligt werden sollten (vgl. S. 110). Die in der Verfassungswirklichkeit dominierenden politischen Organisationseinheiten waren die führenden Familien mit ihren Klientelschaften.

M 20 c, S. 113 f.
Über Lorenzo dei Medici, um 1537

Basis der politischen Macht der Medici war ein kreditpolitisch gestützter Klientelismus. Finanz- und Steuergesetzgebung wurden eingesetzt, um die Opposition niederzuhalten. Unter Cosimo ging ein Viertel der führenden Familien ins Exil. Bestechung, Manipulation und Besetzung der Ämter mit Abhängigen, Umformung der Verfassung durch neue Gremien und geheimdienstartige Kontrolle der Vertreter an anderen Höfen waren Mittel der Machterhaltung. Kunst und Wissenschaft wurden gefördert, um das Ansehen der Stadt und der herrschenden Kreise zu steigern. Große Bauvorhaben dienten zur Arbeitsbeschaffung und zur „Ruhigstellung" der unteren Schichten. Für Lorenzo de Medici ist die Förderung von Kunst und Wissenschaft politisches Mittel im Machtkampf mit den anderen Staaten Oberitaliens.

M 20 d, S. 113
Fresko aus der Kirche Santa Trinita in Florenz, 2. H. 15. Jh.

Francesco Sassetti war Patronatsherr der Kapelle. Die Sassetti verdankten den Medici ihre gesellschaftliche Stellung; Francesco lässt sich nach der Verschwörung der Pazzi (vgl. M 20 c) deshalb als loyaler Gefolgsmann Lorenzos darstellen. Mit dem Finger weist er auf weitere Söhne.
Pucci war hoher Gerichtsbeamter, seit 1483 verschwägert mit den Sassetti und ebenfals ein Anhänger Lorenzos.

M 20 e, S. 114
Foto: Bibliothek von San Marco in Florenz, erbaut 1. H. 15. Jh.

Cosimo de Medici wollte Bildung für alle zugänglich machen. Mit der Bibliothek in Form einer dreischiffigen Basilika schuf er das Vorbild für weitere Humanistenbibliotheken in Italien. Die Sammlung umfasste 400 Handschriften aus dem Besitz des Humanisten Nicolo Niccoli.

Aufgabe 16, S. 114
Siehe die Erläuterungen zu M 20 a, c und e.

Aufgabe 17, S. 114
Siehe die Erläuterungen zu M 20 b und c.

Aufgabe 18, S. 114
Siehe die Erläuterungen zu M 20 d.

Arbeitsbereich V: Machiavelli und Erasmus

M 22, S. 115
Gemälde: Machiavelli, 16. Jh.

Siehe die Erläuterungen zu Aufgabe 27.

M 23, S. 115
Machiavelli, „Der Fürst", 1514

Zum Hintergrund: Machiavelli geht von der Analyse der zeitgenössischen Politik aus, d. h. von der Untersuchung der Machtkämpfe zwischen den Staaten Oberitaliens und ihrer inneren Instabilität.
Zur Quelle: Machiavelli will die Gesetze herausarbeiten, denen ein Politiker folgen muss, um erfolgreich zu sein, wobei „Erfolg" die dauerhafte Sicherung der Macht ist. Dieser empirische Ansatz macht Politik zur Erfahrungswissenschaft. Wichtigstes Kriterium ist die Wirksamkeit politischen Handelns im Hinblick auf dieses Ziel, nicht die Einhaltung ethisch-moralischer Werte. Indem das politisch Erforderliche dem moralisch Gebotenen übergeordnet wird, entsteht ein von Wertbindungen abgelöster politischer Realismus und Pragmatismus. Ohne den Begriff zu gebrauchen, formuliert Machiavelli die Prinzipien der modernen „Staatsraison".
Um die Macht, d. h. die Einigkeit und den Gehorsam der Untertanen zu erhalten, darf der Fürst auch zu grausamen Maßnahmen greifen; die Grausamkeit muss aber strikt auf die Herrschaftssicherung bezogen sein. Da Politik immer nach dem Erfolg beurteilt wird, soll der Fürst den Anschein erwecken, die dafür notwendigen Qualifikationen zu besitzen. Ein erfolgreicher Herrscher ist Löwe und Fuchs zugleich, er erkennt das in der jeweiligen Situation pragmatisch Gebotene und führt es konsequent durch.
Die Furcht der Untertanen vor dem Herrscher ist eine wichtige Stütze der Macht. Der Fürst braucht nur wenige moralische Normen beachten, z. B. darf er sich nicht am Eigentum und an den Frauen seiner Untertanen vergreifen.
Wegen ihrer schlechten Eigenschaften (Z. 38 f., 60 f., 87 f., 125 f.) sind die Menschen unfähig, selbst eine politische Ordnung zu schaffen. Staatliches Gewalthandeln wird durch die Destruktivität des Menschen legitimiert.

M 25, S.117
Erasmus von Rotterdam, „Erziehung des christlichen Fürsten", 1515

Zum Hintergrund: Die Schrift wurde auf Wunsch des burgundischen Kanzlers Silvagius verfasst, wahrscheinlich als Dank des Erasmus für die Ernennung zum Rat Karls V.
Zur Quelle: Der Herrscher muss alle Tugenden verkörpern, er wird zum Inbegriff sittlicher Vollkommenheit (Z. 39 f.). Der „gute" Herrscher und der „gute" Mensch sind identisch. Aufgabe des Herrschers ist es, für das Glück des Volkes zu sorgen; Richtschnur für politisches Handeln sind deshalb nicht Machtgewinn und Machtgenuss, sondern das Gemeinwohl und die sittliche Erneuerung der Untertanen. Da sich in Europa das Erbrecht gegenüber der Herrscherwahl durchgesetzt hat, ist die Erziehung des Fürsten von größter Bedeutung, denn sie soll Unwägbarkeiten des Erbrechts ausgleichen. Wie Machiavelli geht Erasmus von einem negativen Menschenbild aus (Z. 30 f.). Als Vertreter des humanistischen Kulturoptimismus ist er aber überzeugt, dass sich die Menschen zum Guten entwickeln können. Der Fürst muss deshalb Vorbild und Erzieher seiner Untertanen sein.

M 26, S. 117
Gemälde: Erasmus von Rotterdam, um 1525/30

Siehe die Erläuterungen zu Aufgabe 27.

Aufgaben 19 bis 22, S. 116.

Siehe die Erläuterungen zu M 23.

Aufgabe 23, S. 116

Machiavellistisch im Sinne konsequenter Herrschaftssicherung war der Aufbau von Klientelverbänden, die Manipulation von Gesetzen und Ämterbesetzung sowie der Aufbau geheimdienstartiger Kontrollsysteme.

Aufgabe 24, S. 118

Siehe die Erläuterungen zu M 25.

Aufgabe 25, S. 118

Die Ausführungen des Erasmus stehen in der Tradition der mittelalterlichen Fürstenspiegel. Er überträgt eine von aristotelischer Ethik, Christentum und Naturrecht abgeleitete Individualethik auf Gesellschaft und Politik.

Machiavellis „Principe" kann man als „negativen" Fürstenspiegel bezeichnen. Er kennt keinen ethischen Normativismus mehr, sondern führt einen von allen Wertbindungen gelösten Pragmatismus ein, dessen wichtigste Maxime die Erhaltung der Macht und damit des Staates ist.
Siehe auch die Erläuterungen zu M 23 und M 25.

Aufgabe 26, S. 118
Erasmus schreibt als Intellektueller, der keine politische Verantwortung trägt. Machiavellis Ausführungen zum Wesen der Politik stützen sich dagegen auch auf Erfahrungen, die er als politisch Handelnder im Dienst von Florenz gemacht hat.
Siehe auch die Erläuterungen zu M 23 und M 25.

Aufgabe 27, S. 118
Machiavelli wird in der Kleidung eines hohen Beamten dargestellt. Buch und Handschuhe stehen für gelehrte Bildung und aktive Tätigkeit im Dienst des Staates (vgl. S. 82, M 9).
Das Bild des Geistlichen Erasmus nimmt die Tradition des Autorenporträts auf. Er sitzt schreibend in seiner Studierstube; Bücher beweisen seine Gelehrsamkeit.

Arbeitsbereich VI: Historische Bewertung der Renaissance

M 27, S. 119
Peter Burke über die Renaissance, 1990

Burke referiert das im 19. Jahrhundert entwickelte Interpretationsmodell der Renaissance als der Schlüsselepoche der Moderne und stellt ihm die Deutung dieser Zeit als eines Abschnitts des großen Wandlungsprozesses Alteuropas zwischen der ersten Jahrtausendwende und der industriellen Revolution gegenüber. Die moderne Renaissanceforschung betont, dass sich in Italien vom 14. bis zum 15. Jahrhundert „mittelalterliche" und „moderne" Kulturelemente in verwirrender Vielfalt überschneiden. Man arbeitet die Beteiligung einzelner sozialer Gruppen heraus und unterstreicht die Bedeutung der Kaufleute, d. h. die Verbindung von „Geist", „Geld" und politischer Macht. Zweifellos hat die ökonomische und politische Dynamik Oberitaliens die kulturelle Entwicklung beeinflusst. Der politische Polyzentrismus führte dazu, dass Städte und Herrscher um Künstler und Wissenschaftler konkurrierten. Diese politisch-soziale Struktur förderte auch die Entstehung eines politischen Denkens, das das Geschehen nicht mehr aus einem göttlichen Heilsplan ableitete, sondern an modellhaften Erfahrungen und handelnden Individuen interessiert war (vgl. dazu Machiavelli, M 21 bis M 23).

Aufgabe 28, S. 119
Siehe die Erläuterungen zu M 27.

Notizen

Kapitel 6: Kulturen treffen aufeinander: Altamerika und der europäische Kolonialismus

Hinweise zur Arbeit mit den Materialien
Siehe den Kasten im Schülerband S. 125.

M1, S. 122
Karte: Die Völker des altamerikanischen Kontinents

Farblich hervorgehoben sind die altamerikanischen Hochkulturen. Als einzige komplexe Gesellschaften des Doppelkontinents besitzen sie hierarchisch geschichtete Gesellschaften, spezialisierte Bürokratien und Handwerke, Schriftsysteme, urbane Lebensformen und eine hoch entwickelte Kunst und Architektur.

M2, S. 124
Karte: Entdeckungsfahrten der Europäer im 15. und 16. Jh.

Die Karte zeigt, wie das Osmanische Reich als Barriere zwischen Europa und den asiatischen, Gewürze und Luxuswaren liefernden Ländern liegt.
Die europäische Expansion geht im Rahmen des Ausgleichs von 1494 (Vertrag von Tordesillas) von Spanien und Portugal aus und zeigt völlig unterschiedliche Formen:
- Spanien errichtet mit der Unterwerfung der altamerikanischen Hochkulturen ein riesiges zusammenhängendes Kolonialreich,
- Portugal konzentriert sich dagegen auf den Asienhandel und baut zu dessen Sicherung ein Stützpunktsystem an den Küsten Afrikas und des Indischen Ozeans auf.
- Auch die ersten Fahrten der Nordwesteuropäer haben Asien zum Ziel: Jacques Cartier sucht die Nordwestpassage und nimmt dabei Kanada für Frankreich in Besitz, Willem Barents versucht, die Gewürzländer über die Nordostpassage zu erreichen. Ziel der Fahrten Drakes ist es nicht nur, die Verbindungen Spaniens nach Amerika zu stören, sondern auch den westlichen Ausgang der Nordwestpassage und Handelsstützpunkte im Pazifik ausfindig zu machen.

Die weiteren in der Karte eigetragenen Fahrten sind wissenschaftsgeschichtlich bedeutsam:
Auf Vorschlag des deutschen Geografen Heinrich Waldseemüller wurde der neue Kontinent nach dem Vornamen Amerigo Vespuccis benannt, der die Küsten Südamerikas erkundet hatte.
Magellan bewies mit seiner Erdumrundung die Kugelgestalt der Erde.

Notizen

Arbeitsbereich I: Die Hochkultur der Azteken

M 3 a, S. 125
Claudia Schnurmann über Herrschaft und Gesellschaft der Azteken, 1998

Das von der Golf- bis zur Pazifikküste reichende Aztekenreich war das größte multiethnische Staatsgebilde in Zentralamerika. Es war ein Verbund von Stadtstaaten und unterworfenen Gebieten unter der Hegemonie Tenochtitlans. Die unterworfenen und verbündeten Völker mussten Tribute liefern, Truppen stellen und manchmal auch Land abtreten. Zur Sicherung der Herrschaft heirateten Angehörige des aztekischen Herrscherhauses und des Adels in lokale Eliten ein. Sezessionsbestrebungen und soziale Spannungen (hervorgerufen durch Überbevölkerung, Hungersnöte) gefährdeten den Zusammenhalt dieses „Tributimperiums". Die Verfasserin misst das Aztekenreich an der Definition des modernen europäischen Staats (Einheit von Staatsgebiet, Staatsvolk und Staatshoheit). Um 1500 war dieser „institutionelle Flächenstaat" mit der Kumulierung der Herrschaftsrechte in der Hand von Monarchen und dem Aufbau einer von diesen abhängigen Verwaltungs- und Gerichtsorganisation noch längst nicht vollendet. Der auffälligste Unterschied zwischen Europa und den indianischen Hochkulturen lag – neben der Religion – im Stand der Technik und in der Organisation der Wirtschaft.
Siehe auch die Erläuterungen zu Aufgabe 2.

M 3 b, S. 126
Zeichnung: Menschenopfer, ca. 15. Jh.

M 3 c, S. 127
Hans-Georg Hofacker über die Götterwelt der Azteken, 2000

Siehe die Erläuterungen zu Aufgabe 4.

M 3 d, S. 127
Stadtplan von Tenochtitlan, 1524

In der Mitte der Stadt befand sich der quadratisch angelegte Platz mit der Tempelpyramide, dem Palast des Herrschers, einem Ballspielfeld und der Schule für die Söhne des Adels. Der Adel lebte außerhalb dieses Zentralbereichs in oft mehrstöckigen Gebäuden, die sich um Innenhöfe gruppierten. Die übrige Bevölkerung wohnte in einfachen einstöckigen Häusern in den Außenbereichen. Dämme und Aquädukte verbanden die Stadt mit dem Festland.

M 3 e, S. 128
Peter Martyr von Anghiera über die Stadt Tenochtitlan, 1523

Siehe die Erläuterungen zu Aufgabe 2.

M 4, S. 129
Claudia Schnurmann über altamerikanische Quellen, 1998

Die Erforschung der Geschichte Altamerikas wird erschwert durch:
- andersartige Quellengattungen und die von Europa abweichenden, z. T. noch nicht völlig entschlüsselten Schriftsysteme,
- die systematische Vernichtung von Quellen durch die Eroberer;
- die Manipulation von Quellen durch die Eroberer.

Alle Quellen müssen wie in Europa auf Parteinahme und Interessengebundenheit hin überprüft werden; Erkenntnisse über Geschichte und Kultur der Indios können oft auch indirekt aus den kolonialen Verwaltungsquellen gewonnen werden.

M 5, S. 130
Aztekisches Tributverzeichnis, 15. Jh.

Neben Naturalabgaben und Arbeitsleistungen der Azteken stützte sich die Wirtschaft auf die Tribute der unterworfenen Völker. Sie bestanden aus Gütern, die in Tenochtitlan knapp oder nicht vorhanden waren, wie seltene Vögel, Schmuckfedern und Jaguarfelle aus den tropischen Regionen der Golfküste. Kakaobohnen und Edelsteine dienten auch als Geldersatz. Zu den weiteren Tributen gehörten Baumwolle, Textilien, Farbrohstoffe und Mais. Die in Magazinen gesammelten Abgaben flossen an die Bevölkerung zurück. Die Armee erhielt Proviant, Waffen und Kleider, die Handwerker Rohstoffe. Bei Arbeitseinsätzen wurde die Bevölkerung ebenfalls vom Staat versorgt. Erst die von spanischen Geistlichen hinzugefügten Erläuterungen machen die Liste interpretierbar.

Aufgabe 1, S. 128
Siehe die Erläuterungen zu M 3 a.

Aufgabe 2, S. 128
Die aztekische Gesellschaft war in die Großgruppen des Adels und der Bauern, Handwerker und Händler

gegliedert. Jede dieser Großgruppen zeigte vielfältige Differenzierungen. Der Adel zerfiel in Hoch- und Niederadel. Entscheidend für die Zuordnung war nicht die Abstammung, sondern die Nähe der Verwandtschaft zum hochadligen Oberhaupt der Sippe. Die Händler bildeten eine mächtige Korporation. Durch die mit der Expansion des Reichs zusammenhängende Intensivierung des Handels wurden die Fernhändler zu einer dynamischen, eng mit dem Adel verbundenen Schicht. Sie konnten ihre Söhne zusammen mit denen des Adels in speziellen Schulen erziehen lassen. Aus der adligen Priester- und Kriegerelite und aus der Schicht der wohlhabenden Fernhändler kamen die Würdenträger des Reiches. Man vermutet, dass es zur Zeit Moctezumas II. zu Spannungen zwischen diesen Eliten gekommen ist. Die große Mehrheit der Bevölkerung (Bauern, Handwerker, kleine Händler) waren dem Herrscher und dem Adel tributpflichtig und wurden zu Gemeinschaftsarbeiten (Stadtreinigung, Bau von Tempeln, Brücken, Straßen, Wasserleitungen) eingesetzt. Anders als in der Alten Welt war Sklaverei meist nur ein temporärer Zustand. Die aztekische Gesellschaft kannte ein gewisses Maß an sozialer Mobilität. Wenn ein Krieger sich auszeichnete, z. B. mindestens vier Gefangene machte, konnte er in einen nichterblichen Adelsstand aufsteigen.

Aufgabe 3, S. 128

Es finden sich zwar einige Parallelen mit Europa (Adel als Herrschaftsschicht, Bauern und Handwerker als Träger der Wirtschaft), es fehlt aber eine klare Ständegliederung mit der in Europa üblichen Privilegierung der Geistlichkeit. Wie die europäische war auch die aztekische Gesellschaft Differenzierungsprozessen unterworfen.

Aufgabe 4, S. 128

Die Religion der Azteken war kein zusammenhängendes System, da sie viele Götter, Kulte und Glaubensvorstellungen von unterworfenen Völkern übernommen hatten. Das Opfer für ihren Stammesgott Huitzilopochtli sollte das bevorstehende Weltende hinauszögern, das man sich als ein alles vernichtendes Erdbeben vorstellte. Menschen wurden auch anderen Göttern geopfert: Zu Ehren des Regengottes ertränkte man Kinder und köpfte Mädchen für den Erdgott. M 3 b zeigt eine Opferzeremonie im großen Tempel in Tenochtitlan. Das Opfer wurde auf den gewölbten Opferstein gelegt. Der Priester schnitt den Leib mit einem Steinmesser auf, riss das Herz heraus und bot es dem hier als Vogel dargestellten Gott dar.

Aufgabe 5, S. 128

Prem argumentiert vom „eurozentrischen" Modell aus, das die Verwendung des Rads und die Verarbeitung von Metallen zu Werkzeugen und Waffen als Stufen historischen Fortschritts betrachtet und diese mit bestimmten Entwicklungsstufen der Gesellschaft verbindet. Die altamerikanischen Kulturen haben trotz technischer „Rückständigkeit" große Leistungen in der Wirtschaftsorganisation, im Handwerk, im Straßenbau und in der Stadt- und Sakralarchitektur hervorgebracht.

Aufgabe 6, S. 128

Aus M 3 a bis M 3 e können folgende Hypothesen für den schnellen Untergang des Aztekenreiches erarbeitet werden:
- politische und soziale Spannungen innerhalb der aztekischen Gesellschaft und zwischen den Azteken und den unterworfenen Völkern (M 3 a);
- Überbevölkerung und Hungersnöte (M 3 a). Der Boden des Hochlandes war wegen Wassermangels wenig ertragreich, die „Maiskammern" des Reiches lagen an der Golfküste;
- die Vorstellung von der Rückkehr der Götter (M 3 c).

Aufgaben 7 und 8, S. 129

Siehe die Erläuterungen zu M 4.

Aufgabe 9, S. 129

Siehe die Erläuterungen zu M 5.

Notizen

Arbeitsbereich II: Kulturen treffen aufeinander

M6a, S.131 f. Aztekische Chronik über die Eroberung Mexikos, 1. H. 16. Jh.

Zum Autor: Der Franziskanermönch Bernardino de Sahagún (1499–1590) war seit 1529 am Kolleg von Tlatelolco tätig, wo einheimische Priester und Führungskräfte für die Kolonialverwaltung ausgebildet wurden.

Zur Quelle: Die erste Kulturberührung verläuft auf typische Weise: Mit Kanonen, Pferden und Rüstungen zeigen die Spanier ihre militärtechnische Überlegenheit und bestärken die Eingeborenen in dem Glauben, dass sie Wesen mit übernatürlichen Kräften seien. Der Glaube der Azteken an die Rückkehr der Götter stützte sich vor allem darauf, dass das Jahr 1519 in ihrem Zyklus der Zeitrechnung die gleiche Bezeichnung trug wie das Jahr, an dem der Gott Quetzalcoatl Mexiko verlassen haben soll. Diese psychologisch-religiöse Situation macht sie hilflos. Als klar wird, dass die Spanier nicht dem Bild entsprechen, das sich die Azteken von ihren Göttern machen (sie trinken kein Blut und verabscheuen Menschenopfer), betrachten Moctezuma und seine Berater die Eindringlinge als böse Geister, aber auch der Einsatz von Zauberern kann sie nicht unschädlich machen. Am Schluss des Auszugs erscheinen die Spanier als das personifizierte Böse, das in die Welt der Azteken einbricht. Ein klassisches interkulturelles Missverständnis wird in Z. 85 f. geschildert: Aus der Sicht der Azteken waren Quetzalfedern weitaus wertvoller als Gold, das die augenfälligste Triebkraft der spanischen Conquista war.

Zu diskutieren ist, ob der Bericht die Hilflosigkeit der Azteken nicht verklärt.

Spannungen innerhalb des Reiches (vgl. M 6 b und die Erläuterungen zu M 3 a) haben den Eroberungszug der Spanier erleichtert, die von Anfang an indianische Verbündete gegen die Azteken fanden (siehe M 6 b, Z. 50 f.). Der schnelle Zusammenbruch des Reiches kann auch mit dem Zusammentreffen von Instabilität im Innern und Aggression von außen erklärt werden.

M6b, S. 132 Brief Cortes' an Kaiser Karl V.

Zum Autor: Hernan Cortes war Angehöriger des niedrigen spanischen Adels und nahm 1511 an der Besetzung Kubas teil. 1518 erhielt er den Auftrag, die mexikanische Küste zu erkunden. Auf Haiti und Kuba hatte er sich so erfolgreich hochgearbeitet, dass er einen Großteil der Schiffe selbst ausrüsten und entgegen den offiziellen Anweisungen eine Invasionsarmee von 608 Mann, 16 Pferden und 10 Kanonen aufstellen konnte. Aus der Sicht des Gouverneuers Velasquez kam dies einer Rebellion gleich. Es gelang Cortes aber, den Gouverneur auszumanövrieren und sogar eine gegen ihn nach Mexiko ausgesandte Streitmacht auf seine Seite zu ziehen. Cortes hatte auch in Spanien viele Feinde, die ihn nach der Eroberung Tenochtitlans verdächtigten, große Teile der Beute für sich selbst abgezweigt zu haben. Seine Berichte an Kaiser Karl V. sind als Versuch zu werten, den Kaiser für sich einzunehmen. Als Schriften zur politischen Rechtfertigung werden sie oft mit Caesars „De bello gallico" verglichen. 1522 ernannte ihn der Kaiser zum Gouverneur Mexikos.

Zur Quelle: Cortes' Bestreben ist es, die Eroberung Mexikos als rechtmäßige, religiös motivierte Herrschaftsübernahme darzustellen. Moctezuma leistet Tribute zum Zeichen der Unterwerfung (Z. 1 f.); er rechtfertigt dies mit dem Quetzalcoatl-Mythos (Z. 20) und bestätigt, dass die Herrschaft der Azteken an sich illegal ist, weil sie auf Ungehorsam gegenüber dem Gott beruht (Z. 25 f.). Moctezuma unterwirft sich Karl V., den er mit dem Gott gleichsetzt, und Cortes als dessen Beauftragten (Z. 45 f.).

M7, S. 133 Gemälde: Diego Rivera, Ankunft der Spanier, 1951

Zum Maler: Diego Rivera (1886–1957) war führendes Mitglied der KP Mexikos und bedeutendster Vertreter der mexikanischen Wandbildkunst („muralismo"). Diese von einheimischen Traditionen, der Freskomalerei der Renaissance und der französischen Revolutionskunst des 19. Jahrhunderts beeinflusste Malerei sollte den Mexikanern die eigene Geschichte als Abfolge von Klassenkämpfen vor Augen führen und sie zu revolutionärer Aktion aufrufen.

Zum Bild: Die Eroberung Mexikos und die Herrschaft der Konquistadoren wird als Epoche barbarischer, von der Kirche abgesegneter Grausamkeit dargestellt. Unter dem Kreuz empfängt Cortes die Tribute der Azteken, die seinen gepanzerten Reitern nichts entgegenstellen können. Die Spanier foltern die Indios, töten sie oder brandmarken sie als ihr Eigentum. Die Eingeborenen werden zur Zwangsarbeit auf den Plantagen, in den Bergwerken, bei der Rodung der Wälder und im Transportdienst eingesetzt. Die Spanier bringen nicht nur neue Waffen, Tiere und landwirtschaftliche Techniken mit, sondern auch die kapitalistische Geldwirtschaft. Im Vordergrund hält ein Notar ein Rechtsgeschäft zwischen Cortes und einem Spanier fest; wahrscheinlich handelt es sich um den Verkauf von Ländereien, die an sich den Eingeborenen gehören.

Aufgaben 10 und 11, S. 132
Siehe die Erläuterungen zu M 6 a und b.

Aufgabe 14, S. 132
Siehe die Erläuterungen zu M 7.

Notizen

Arbeitsbereich III: Kolonialherrschaft und Sklaverei

M 8, S. 134
Verfügung der spanischen Königin Isabella, 1503

Der Erlass entstand in enger Abstimmung mit dem Papst und bestätigt wie frühere Dekrete die grundsätzliche Freiheit der Eingeborenen. Die spanischen Herrscher betrachteten die neu entdeckten Länder als ihr Eigentum mit der Pflicht, die dort lebenden Menschen zu christianisieren, d. h. zu zivilisieren. Aus den Indios sollten Bauern in (west-)europäischem Sinn werden, die ihren neuen Herren Dienste und Abgaben schuldeten.
In der Karibik stießen die Spanier auf Gesellschafts- und Wirtschaftssysteme der unterschiedlichsten Art von einfachen Wildbeuter- bis zu differenzierten Agrargesellschaften. Leistungs- und gewinnorientierte Arbeit europäischer Art, die den Beteiligten genau definierte Aufgaben und entsprechende Belohnung zuwies, war den Eingeborenen aber ebenso fremd wie das Schürfen nach Gold und die neuen landwirtschaftlichen Techniken.
Das Dekret überträgt wesentliche Bestimmungen der „encomienda" des kastilischen Feudalsystems in die Neue Welt. In Spanien verstand man darunter die Unterordnung eines freien Vasallen der Krone unter den Schutz eines adligen Herrn, der dafür Abgaben und Dienste erhielt. In Spanisch-Amerika bedeutete dies die Einführung einer von der Kolonialverwaltung organisierten und kontrollierten Arbeitspflicht für die „freien" Eingeborenen. Die an sich restriktiven Bestimmungen (Z. 63 f.) sollten Willkürakte spanischer Kolonisten gegenüber den ihnen zugeteilten Indios zumindest begrenzen. Die Herrscher wussten, dass Spanien nur über ein begrenztes Menschenreservoir verfügte und dass man auf die Arbeitskraft der Indios bei der Erschließung der neuen Länder angewiesen war.

M 9, S. 134 f.
Las Casas (1474–1566) über das das Encomienda-System

Zum Autor: Siehe neben der Einleitung zu Quelle auch M 17 a und im Personenlexikon S. 203.
Zur Quelle: Las Casas stellt den Bestimmungen des Erlasses (vgl. M 8) Punkt für Punkt die Praxis gegenüber: Statt Missionierung und friedlicher Akkulturation werden die Eingeborenen versklavt und

hemmungsloser Ausbeutung unterworfen, was aus der Sicht ihrer Herren auch durch das Requerimiento von 1513 (vgl. Darstellung S. 123 oben) legitimiert wird. Die Indios reagierten mit Flucht und Selbstmordwellen, zudem wurden sie Opfer eingeschleppter Krankheiten. Um 1550 war die Urbevölkerung Hispaniolas ausgestorben.

M10, S. 135
Kupferstich: Arbeit im Silberbergwerk, 18. Jh.

Die Silbervorkommen von Potosí in den bolivianischen Anden wurden 1545 entdeckt. Bei ihrer Ausbeutung verbanden die Spanier die traditionelle Staatsfron der Inka mit Encomienda-Arbeit. Zeitweise kam die Hälfte der Weltsilberproduktion aus Potosí. Über Panama gelangte das Edelmetall mit der jährlichen Silberflotte nach Spanien.

M11, S. 136 f.
Benaventa über die Folgen der spanischen Herrschaft, um 1550

Zum Autor: Toribo de Benavente war einer der ersten Missionare des Franziskanerordens in Mexiko.
Zur Quelle: Benavente setzt das Schicksal der Eingeborenen (Krieg, Krankheiten, Hungersnot, Ausbeutung und Zwangsarbeit) mit den biblischen Plagen gleich. Die „zehnte Plage" (Z. 83 f.) bezieht sich auf den Konflikt zwischen Inhabern von „encomiendas" und der Krone. Nachdem Papst Paul III. die Versklavung und Enteignung der Indios verurteilt hatte, schränkten die Indianerschutzgesetze von 1542/43 („leyes nuevas") die Rechte der Encomienderos zugunsten der Krone und ihrer Beamten ein. Wegen des Widerstandes der Kolonisten konnten die Gesetze in Mexiko nur teilweise umgesetzt werden, in Peru kam es sogar zu Revolten gegen die Krone. Karl V. gab nach und unterließ weitere Maßnahmen gegen die die Rechte der Krone einschränkende Vererbung von „encomiendas" und „repartimientos".

M12, S. 136
Tabelle: Sklavenimporte 1451–1870

Bis 1500 brachten die Portugiesen von ihren Entdeckungsreisen entlang der Westküsten Afrikas Schwarze auf den Lissabonner Sklavenmarkt. Sie wurden in den Haushalten der adligen und bürgerlichen Oberschicht und in der Landwirtschaft der Atlantik-inseln eingesetzt (Zuckerrohranbau auf Madeira). 1505 begann der Sklavenimport nach Spanisch-Amerika, wo Schwarze die Indios als Arbeitskräfte vor allem in der Karibik ersetzten. Bis zum Ende des 18. Jahrhunderts stieg die Zahl der Sklaven; ihre Arbeit war unabdingbar für die Erschließung der Kolonien und ihre Integration in das globale Wirtschaftssys-tem. Wegen der Expansion der Plantagenwirtschaft in der Karibik, in Brasilien, im Südosten Nordamerikas und wegen der hohen Sterblichkeit war ständiger Nachschub notwendig.
Gegen Ende des 17. Jahrhunderts löste England Portugal und die Niederlande als führende Sklavenhandelsnation ab. (Aber auch kleinere Mächte drängten in das „Geschäft", so Brandenburg mit der „Brandenburgisch-Africanischen Gesellschaft" und der 1683 im heutigen Ghana erbauten Festung Groß-Friedrichsburg). Sklavenhandel erforderte hohe Kapitalinvestitionen. Ein tadelloser männlicher Sklave hatte 1780 den Wert von 310 Gramm Gold, das entsprach jeweils 27 Flinten, 320 Pfund Schießpulver oder 815 Litern Rum. 1807 verbot Großbritannien den Sklavenhandel. In Französisch-Westindien wurde die Sklaverei 1848, in Brasilien 1871/88 aufgehoben.
Didaktischer Hinweis: Zur Sklaverei sollte die ausführliche Begriffserläuterung aus dem Begriffslexikon S. 199 f. mit herangezogen werden.

M13, S. 137
Belegungsplan eines europäischen Sklavenschiffes, um 1600

Im Bugraum der Schiffe wurden die Männer transportiert, in der Mitte die Jungen, im Hinterschiff die Frauen und im Heckraum die Mädchen. Liverpooler Kapitäne rechneten 181 · 41 cm Liegefläche für einen Mann, 177 · 41 cm für eine Frau, 152 · 36 cm für einen Jungen und 137 · 30 cm für ein Mädchen. 1788 und 1799 reduzierten britische Gesetze die Belegung von 2,6 Afrikanern pro Tonne Schiffsraum auf 1 pro Tonne, um die Sterberate zu senken. Diese war abhängig von der psychischen Verfassung der Sklaven, Reisedauer, Verpflegung und Behandlung durch die Schiffsbesatzung. Üblicherweise lag sie bei 5 bis 20 Prozent pro Transport, konnte im Extremfall aber auf über 50 Prozent steigen.

M14, S. 137
Zeitungsbericht zur Entschädigung von Sklaven, 2000

Die dritte Weltkonferenz der UNO gegen Rassismus in Durban (2001) verabschiedete ein Kompromisspapier. Es bezeichnet Sklaverei als Verbrechen gegen die Menschlichkeit und versucht, das durch Kolonialismus und Sklaverei verursachte Leid zu würdigen, ohne dass daraus rechtliche Folgen in Form von Entschädigungszahlungen entstünden. Afroamerikanische Lobbygruppen bestehen weiterhin auf individuellen Entschädigungszahlungen der früheren Kolonial- und Sklavenhandelsmächte; Nichtregierungsorganisationen sehen ihre Forderungen nach Schuldenerlass für Entwicklungsländer bestätigt. Auf der Konferenz gingen die Meinungen, wer für den Sklavenhandel verantwortlich sei, weit auseinander. Auch afrikanische Sklavenjäger und -händler, die den Nachschub für die Europäer bereitgestellt hätten, seien Profiteure gewesen.

M 15, S. 138
Martin Merz über Brasilien, 1996

Die moderne Sklaverei in Brasilien ist eine Form der Schuldknechtschaft. Möglich wird sie durch Fehlen oder Ineffizienz rechts- und sozialstaatlicher Strukturen. Die Arbeitssklaven kommen aus der Unterschicht der eigenen Gesellschaft und besitzen nicht die Fähigkeit zu Gegenwehr.
Auch in der „Ersten Welt" gibt es Formen moderner Sklaverei, z. B. den mit Prostitution verbundenen Handel mit Frauen aus Entwicklungsländern oder Krisenregionen. Rauschgifthandel und -konsum können ebenfalls sklavenähnliche Abhängigkeiten schaffen.

M 17a, S. 140
Las Casas über die „Indianerfrage", Mitte 16. Jh.

Zur Person: Vgl. M 9 und Personenlexikon S. 203.
Zur Quelle: Nach Las Casas wurden die spanischen Könige vom Papst als Herrscher über die neu entdeckten Länder eingesetzt, um sie zu missionieren. Diese lehnsrechtlich definierte Oberherrschaft legitimiert die Spanier nicht, in die eigenständigen Rechte der indianischen Fürsten einzugreifen oder die Freiheit ihrer Völker zu beeinträchtigen. Las Casas geht von der Gleichheit aller Menschen vor Gott aus und von einer vom Gebot der Nächstenliebe abgeleiteten Vorstellung der Menschenwürde, die jedem das Recht auf Freiheit und Selbstbestimmung gibt. Die Eingeborenen sind Ebenbilder Gottes und vernunftbegabte Wesen, die den Spaniern rechtlich gleichgestellt sind. Als Vertreter des erasmischen Friedensgedankens (vgl. S. 117, M 25) verurteilt Las Casas Angriffskriege, da sie der Unterwerfung und der Bereicherung dienen.

M 17 b, S. 140 f.
De Sepulveda in einer Streitschrift, Mitte 16. Jh.

Zur Person: Vgl. die Einleitung zur Quelle und Personenlexikon S. 205.
Zur Quelle: Sepulveda betrachtet die Eingeborenen als heidnische Barbaren, die als Kannibalen und Anhänger von Menschenopfern Verbrechen wider die Natur begehen. Deshalb darf zu ihrer Christianisierung, d. h. Zivilisierung, auch Gewalt angewendet werden. Dabei stützt er sich auf Thesen des Aristoteles über die Ungleichheit der Menschen (Z. 12 f.), denen zufolge es Völker gibt, die zur Sklaverei bestimmt seien. Erst der Übertritt zum Christentum sichert den Unterworfenen „Menschenrechte". Sepulveda vertritt die koloniale Herrenmoral eines aristotelisch gewendeten Christentums.

Aufgaben 15 bis 17, S. 137
Siehe die Erläuterungen zu M 8.

Aufgabe 18, S. 137
Siehe die Erläuterungen zu M 9 bis M 11.

Aufgabe 19, S. 137
Beteiligt an der „conquista" waren spanische Soldaten, Adlige, Geistliche, Bergbauspezialisten, Siedler und schwarze Sklaven. Treibende Kraft war der Wunsch nach sozialem Aufstieg und schnellem Reichtum (der Beuteanteil eines einfachen spanischen Soldaten nach der Eroberung des Inkareiches betrug 45 Pfund Gold und 90 Pfund Silber; diese Summe hätte in Europa ein Leben in hochherrschaftlichem Stil ermöglicht). Geistliche wie Las Casas (M 9) und Toribo de Benavente (M 11), die Bettelorden angehörten, sahen in der Missionierung die Chance, eine ideale christliche Gesellschaft aufzubauen.
Siehe auch die Erläuterungen zu M 7 bis M 11.

Aufgaben 20 und 21, S. 137
Siehe die Erläuterungen zu M 11 bis M 13.

Aufgabe 22, S. 137
Siehe die Erläuterungen zu M 14.

Aufgaben 24 und 25, S. 139
Siehe die Erläuterungen zu M 15.

Aufgaben 27 und 28, S. 141
Siehe die Erläuterungen zu M 17 a und b.

Arbeitsbereich IV: Die Folgen der europäischen Expansion

M18a, S. 141
Adam Smith über den Kolonialismus, 1789

Zum Autor: siehe auch Personenlexikon S. 205.
Zur Quelle: Für Adam Smith ist weltweite Vernetzung der Wirtschaft die wichtigste und positiv gewertete Folge der europäischen Expansion („erste Globalisierung"). Wettbewerb und freier Handel werden die negativen Folgen für die betroffenen Völker revidieren und das Übergewicht Europas reduzieren. Dieser Argumentationsstruktur folgen heute Vertreter des neoliberalen Marktcredos u. a. in der Weltbank, im Internationalen Währungsfonds und in der World Trade Organization.

M18b, S. 141 f.
Reinhard Wendt, 2000

Im Gegensatz zu Schnurmann (M 18 c) fragt Wendt in seinem Textabschnitt nach den Folgen des Kolonialismus für Altamerika.
Der Verfasser bemüht sich um eine differenzierende Wertung des Kolonialismus in Amerika. Negativen Folgen (demografische Katastrophen, Zerstörung alter Kulturen, Ausbeutung) stehen auch positiver zu wertende gegenüber (Kooperation, Übernahme von europäischen Kulturelementen und technischem „Know-how").

M18c, S. 142
Claudia Schnurmann, 1998

Anders als Wendt (M 18 b) fragt Schnurmann nach den Folgen des Kolonialismus für Europa.
Die Erschließung Amerikas legte langfristig die Basis für die Modernisierungsschübe, die Europa im 18. und 19. Jahrhundert veränderten. Die globale Wirtschaft trug zur Entstehung neuer Eliten bei; die Gewinne aus dem Kolonialhandel vergrößerten auch den Kapitalstock, ohne den die industrielle Revolution nicht möglich gewesen wäre. In Süd- und Südosteuropa bot der Mais einen Ausweg aus der kritischen Ernährungslage. Die Kartoffel, deren Anbau in Relation zur Fläche höhere Kalorienwerte liefert als Getreide, weniger witterungsanfällig und auch auf schlechteren Böden möglich ist, sicherte das Bevölkerungswachstum in West- und Nordeuropa.

M18d, S. 142
Ignacio Ramonet, 2000

Als ein Kritiker der modernen Gobalisierung betont Ramonet, dass ein Gleichgewicht im Sinne des klassischen Wirtschaftsliberalismus nie erreicht werden kann. In der Gegenwart schaffen transnationale Unternehmen aus den Wirtschaftsmetropolen der „Ersten Welt" ein neues Ungleichgewicht.

Aufgaben 29 und 31, S. 142
Siehe die Erläuterungen zu M 18 a und d.

Aufgabe 30, S. 142
Siehe die Erläuterungen zu M 18 b und c.

Notizen

Kapitel 7: Religion und Staatsbildung: Reformation und Glaubenskriege im Europa des 16./17. Jahrhunderts

Hinweise zur Arbeit mit den Materialien
Siehe den Kasten im Schülerband S. 151.

M1, S. 146
Gemälde: Verlesung der „Confessio Augustana", Ende 17. Jh.

Zum Hintergrund: Erstmals seit 1521 war Kaiser Karl V. in Augsburg wieder an einem Reichstag anwesend. Der Versuch, die Glaubensparteien zusammenzuführen, scheiterte und endete mit der eindeutigen Parteinahme des Habsburgers für die alte Kirche. Aus der Sicht der protestantischen Stände legitimierte dies den Aufbau eigener Kirchen und ihren politischen Zusammenschluss im Schmalkaldischen Bund. Seitdem gab es zwei Glaubensparteien im Reich, die ihren jeweils eigenen Wahrheitsanspruch vertraten. Zusammen mit dem „Thesenanschlag" 1517 und der Weigerung Luthers, seine Lehre zu widerrufen (1521) wurden die Ergebnisse dieses Reichstages zur Grundlage des lutherischen Reformationsverständnisses.

M2, S. 147
Karte: Staaten und Konfessionen in Europa um 1570

Die Karte gibt einen Überblick über die konfessionelle Situation in Europa am Ende des 16. Jahrhunderts (für eine genauere Darstellung der Lage in Mitteleuropa vgl. Karte M 12 d mit den Erläuterungen im Handbuch). Religiöse Konflikte, politische Gegensätze im Innern und zwischen den Staaten sowie ökonomische Interessen waren auf vielfältige Weise verflochten:

- In den *skandinavischen Reichen* festigte die Einführung des Luthertums die Monarchien und führte zu staatskirchlichen Systemen.
- In *Osteuropa* waren alle konfessionellen Richtungen vertreten; in *Polen* siegte die katholische Gegenreformation in der Mitte des 17. Jahrhunderts.
- Die calvinistischen Hugenotten *Frankreichs* formierten sich seit der Jahrhundertmitte als politische Gruppierung; die 1562 beginnenden Religionskriege wurden erst durch das Edikt von Nantes (1598) beendet.
- In den *Niederlanden* verschärfte die Glaubensfrage die politischen und ökonomischen Konflikte mit Spanien. Der „Freiheitskampf" der Niederlande endete 1648 mit ihrem Ausscheiden aus dem Reich.
- In *England* entstand eine anglikanische, in Schottland eine calvinistische Landeskirche.
- Von der Reformation unberührt blieben die *Iberische Halbinsel* und *Italien.*

M3, S. 149
Gemälde: Reformierte Paradieskirche in Lyon, 1564

Charakteristisch für den Calvinismus ist die Verbindung von biblischer Lehre und straffer Gemeindezucht. Die Kirche ist Ort von Gebet und Predigt; der Gottesdienst verzichtet auf alle „unbiblischen" Zutaten wie Bilder, Kerzen und Musik.

Notizen

Arbeitsbereich I: Religion und Staat heute

M4, S. 150
Tabelle: Religionszugehörigkeit in der Bundesrepublik, um 1990

Die Konfessionskarte der Bundesrepublik spiegelt die Ergebnisse der Glaubensspaltung des 16. Jahrhunderts wider (vgl. S. 161, M 12 d). In West- und Süddeutschland ist die Bevölkerung mehrheitlich katholisch, im Norden protestantisch. Die hohe Zahl von Konfessionslosen im Gebiet der ehemaligen DDR ist auf die Auflösung traditionelller kirchlicher Bindungen nach 1945 zurückzuführen. Durch Zuwanderung vor allem türkischer Arbeitnehmer und ihrer Familien entstanden in den industriellen Ballungszentren der westlichen Bundesländer islamische Minderheiten.

Aufgaben 1 und 2, S. 150
Siehe die Erläuterungen zu M 2 und M4.

Aufgabe 5, S. 150
Michel de l'Hopital strebte vergeblich nach einer politischen Lösung der Religionskonflikte in Frankreich. Nach den Religionskriegen wurde die Glaubens- und Gewissensfreiheit zum Thema der Aufklärung und in den Revolutionen des 18. Jahrhunderts durchgesetzt. Glaubensfreiheit gehört heute zum Grundbestand aller demokratischen Verfassungsordnungen (vgl. S. 111, M 19: Artikel 4 Grundgesetz).

Notizen

Arbeitsbereich II: Die neue Theologie Martin Luthers

M5, S. 151
Martin Luther in einem Rückblick auf sein Leben, 1545

Zur Entstehung des Textes: Auf Drängen seiner Mitarbeiter und auf Wunsch des sächsischen Kurfürsten stimmte Luther 1545 einer Gesamtausgabe seiner Schriften zu. In der Vorrede dieser für einen großen Leserkreis bestimmten Edition gibt er im Abstand von fast dreißig Jahren einen autobiografischen Rückblick auf die Anfänge der Reformation. Die Quelle ist daher nicht mehr unmittelbar zeitgenössisch.
Zum Text: Aus dem Text können die verschiedenen Ebenen des Konflikts und seine Eskalation herausgearbeitet werden:
Der seelsorgerliche Protest gegen das Ablasswesen (Z. 24f.; vgl. Darstellung S. 144) erhielt sofort eine politische Dimension, weil er mit der zeitgenössischen Kritik gegen den Fiskalismus der Kirche verbunden wurde. Diese Kritik erreichte durch den Schacher um die Besetzung des Erzbistums Mainz durch Albrecht von Brandenburg, der bereits das Erzbistum Magdeburg und das Bistum Halberstadt innehatte, einen Höhepunkt. Von dem Ablass, den Papst Leo X. für den Bau der Peterskirche ausgeschrieben hatte, sollte Albrecht die Hälfte erhalten, um die Gebühren für den Mainzer Erzstuhl und die kirchenrechtlich an sich unzulässige Ämterhäufung zu bezahlen (wobei die Fugger die finanztechnische Abwicklung besorgten).
Schließlich wurde die Glaubensfrage auch eine Frage der Reichspolitik (Z. 53f.). Die Besetzung des Erzbistums Mainz war auch Teil des Wettstreits der brandenburgischen Hohenzollern und der sächsischen Wettiner um Einfluss im Reich. Auch aus diesem Grund fand Luther Rückhalt an seinem an sich reliquien- und ablassgläubigen Kurfürsten Friedrich. Mit dessen Unterstützung wollte Papst Leo X. die Wahl des Habsburgers Karl zum römisch-deutschen Kaiser verhindern. Friedrich erreichte deshalb, dass der mit einem Schlag bekannt gewordene Luther nicht nach Rom zitiert wurde.

M6, S. 152
Holzstich: Nonnen und ein Abt auf dem Heimweg, um 1450

Der Holzschnitt suggeriert, dass sich die Kirche auf „dünnem Eis" bewegt. Die Kritik am Niedergang der

Klosterzucht, an der Lebensführung vieler Geistlicher vom Dorfpfarrer bis zum hohen Kirchenfürsten und an der Sonderstellung des Klerus in der Gesellschaft beschleunigte den Autoritätsverlust der Kirche.

M 7 a, S. 153
Aus den 95 Thesen Luthers, 1517

Luther empfindet es als Skandal, dass die Kirche mit dem Ablass den Willen der Menschen zur Buße verfälscht und ihre Furcht vor Verdammnis und Fegefeuer ausnützt. Der Ablass kann nur die von der Kirche verhängten zeitlichen Sündenstrafen aufheben, niemals aber ihre Sündenschuld oder gar die Sündenstrafen bereits Verstorbener (Z. 35).
Wahre Buße hat Reue zur Voraussetzung (Z.1 f.).
Luther betont, dass seine Auffassung mit der offiziellen Kirchenlehre übereinstimmt (Z. 22f.) ; er stellt keineswegs die Autorität von Papst und Kirche in Frage. Die Kontroverse um den Ablass berührte aus damaliger Sicht aber grundsätzliche Fragen der kirchlichen Autorität und der Vereinbarkeit von Evangelium und „Menschensatzung".

M 7 b, S. 153 f.
Silvester Prierias in einer Streitschrift, 1518

Prierias geht auf Luthers seelsorgerliches Anliegen (M 7 a) nicht ein. Die vom Papst definierten Glaubensregeln sind für alle bindend; sie sind selbst für die Auslegung der Bibel gültig (Z. 25). Damit erklärt Prierias Lehre und Handeln von Papst und Kirche für unfehlbar (Z. 40), ein Dialog ist unmöglich.
Dieser Anspruch auf Unfehlbarkeit wird bestimmend für Luthers Bruch mit der Papstkirche.

M 7 c, S. 154
Kaiser Karl V., 1521

Auf dem Reichstag von Worms (1521) lehnte Luther den vom Kaiser erwarteten Widerruf ab. Unmittelbar nach dem Verhör Luthers verfasste der Kaiser diese Stellungnahme, die ein persönliches Glaubensbekenntnis wie auch ein Regierungsprogramm ist. Karl V. beruft sich auf die Treue seines Hauses zur Kirche, auf die Lehrtradition und auf seine Stellung als oberster Schirmherr der Christenheit. Die Reichsstände müssen ihm deshalb in der Luthersache Gehorsam leisten (Z. 35 f.), die von nun an die Beziehungen zwischen Kaiser, Papst und Ständen bestimmte.

M 8, S. 154
Holzschnitt: „Inhalt zweyerley Predigt", 1529

Das Fundament der „neuen" evangelischen Lehre ist die Verkündigung und Erklärung des Wortes Gottes aus der Bibel *(linke Bildhälfte)*. Der Prediger wird nicht mehr wie der „katholische" Geistliche durch Tonsur und Talar vom Kirchenvolk abgehoben *(rechte Bildhälfte)*. Die neue Lehre verzichtet auch auf biblisch nicht begründbare Gebetsübungen wie den Rosenkranz.

Aufgaben 6 und 7, S. 152
Siehe die Erläuterungen zu M 5.

Aufgabe 8, S. 152
Siehe die Erläuterungen zu M 6.

Aufgabe 9, S. 154
Siehe die Erläuterungen zu M 7 a bis c.

Aufgabe 10, S. 154
Siehe die Erläuterungen zu M 8.

Notizen

Arbeitsbereich III: Die Reformation in der Stadt (Magdeburg) und auf dem Land (Bauernkrieg)

M 9, S. 155
Aus der „Historia“ des Sebastian Langhans über Magdeburg

Die Vorgänge in Magdeburg sind ein Beispiel für eine „Volksreformation“. Reformatorische Ideen werden durch Lieder (Z. 1 f.) und Flugschriften verbreitet und vor allem von den Unter- und Mittelschichten aufgenommen. Der die Autorität des Rates gefährdende „Druck von unten“ äußert sich in Gewaltanwendung (Gefangenenbefreiung Z. 12 f.; Bildersturm Z. 70 f.). Beschleunigt werden diese Entwicklungen durch den Autoritätsverfall des Klerus (Z. 70 f.). Die Geistlichkeit ist gespalten: Einige lehnen die Forderungen der Gemeinde ab (Z. 50 f.), andere stellen sich auf die Seite der Reformation (Z. 16 f.) und legitimieren die Forderungen der Gemeinde durch ihre Predigten.
Der unter innerem (Gemeinde) und äußerem (Erzbischof Albrecht) Druck stehende Rat muss sich trotz Vorbehalten dem Willen der Gemeinde beugen (Z. 110 f.) und die Entscheidung für die Reformation administrativ nachvollziehen. Diese „Kommunalisierung“ der Kirche steht in der Tradition spätmittelalterlicher städtischer Kirchenpolitik. Im Zeichen des Priestertums aller Gläubigen verlieren die Geistlichen ihre schon lange kritisierte rechtliche Sonderstellung und werden in die Bürgerschaft integriert. Das Kirchengut wird „säkularisiert“ und für soziale Zwecke verwendet (Z. 60 f.).

M 10 a, S. 156 f.
Die Zwölf Artikel der Bauern, 1525

Als Reformprogramm fordern die Zwölf Artikel die Stärkung der Dorfgemeinde. Die Bauern wollen:
- freie Pfarrerwahl,
- Mitbestimmung über die Verwendung des Zehnten,
- die Aufhebung der Leibeigenschaft,
- Neufestsetzung von Diensten und Abgaben,
- die Wiederherstellung der Rechte, die sich die Herren unrechtmäßig angeeignet haben.

Die Artikel stellen weltliche Herrschaft nicht grundsätzlich in Frage und verbinden reformatorische Forderungen mit alten Beschwerden (vgl. S. 14, M 2 b). Sie sind aber auch ein revolutionäres Manifest, weil sie das Evangelium zur Rechtfertigung heranziehen (Z. 92 f.) und zum Maßstab der Ordnung im weltlichen Bereich machen.

M 10 b, S. 157
Karte: Bauernaufstände und Bauernkrieg 1524/25

Die Karte gibt einen zeitlichen und räumlichen Überblick über die Unruhen und zeigt, dass der „Bauernkrieg“ auch von sozialen Unruhen in den Städten begleitet wurde. Die militärischen Aktionen des Schwäbischen Bundes unter seinem Feldherrn Truchsess Georg von Waldburg begannen im März 1525. In zwei Feldzügen warf er eine Aufstandsgruppe nach der anderen nieder. Eingezeichnet sind die Niederlagen der schwäbischen Bauern bei Leipheim (4. April), Wurzach (14. April), Böblingen (12. Mai) und der Sieg über die fränkischen Bauern bei Königshofen (2. Juni). Aufgenommen wurden ferner die Siege der Fürstenheere bei Zabern (16. Mai; Herzog Anton von Lothringen über die elsässischen Bauern), Frankenhausen (15. Mai; Landgraf Philipp von Hessen über die thüringischen Bauern) und Pfeddersheim bei Worms (23. Juni; Pfalzgraf Ottheinrich über die pfälzischen Bauern).

M 10 c, S. 157 f.
Brief von Thomas Müntzer, 1525

Müntzer teilt die Welt in „Auserwählte“ und „Gottlose“. Zu den Gottlosen gehören die Fürsten, die Gottes Wort missachten, ihre Untertanen vom Glauben fernhalten und sie ausbeuten. Wahrhafte Christen können nur die Armen und Unterdrückten sein, d. h. die Bauern, Handwerker und Bergknappen. Müntzer setzt sich mit Gideon gleich, der in Gottes Auftrag das Volk Israel gerettet hat (Richter 6, 34 f.). Anders als die Verfasser der Zwölf Artikel äußert er sich nicht über die Ausgestaltung einer künftigen Gesellschaft. Das ist auch ohne Belang, denn weltliche Herrschaft und Leben im Geist des Evangeliums sind unvereinbar. Der Kampf gegen die Gottlosen bereitet das Reich Gottes vor, in dem weltliche Ordnungen nicht mehr bestehen. Müntzers Utopie hebt den Gegensatz von Diesseits und Jenseits auf.

M 10 d, S. 158
Thomas Müntzer, 1524

Für Müntzer bedeutet die Erneuerung des Glaubens durch die Auserwählten Gottes das Ende aller herkömmlichen Ordnung. Er wirft Luther vor, das Evangelium durch sein heuchlerisches Bündnis mit den „Gottlosen" zu verfälschen zum Zweck der Unterdrückung der Armen (M 10 d, Z. 10 f. und 30 f.).

M 10 e, S. 158 f.
Luther, „Wider die stürmenden Bauern", 1525

Luthers Lehre vom allgemeinen Priestertum der Gläubigen sprengt das mittelalterliche Ordnungssystem mit seiner Scheidung von weltlichem und geistlichem Stand. Sein Verständnis von Gesellschaft bleibt aber geprägt von der ständisch definierten Sozialordnung und der Überzeugung, dass weltliche Herrschaft eine von Gott gestiftete Ordnung sei (vgl. M 13). Gewaltsame politische und soziale Veränderungen können nicht aus dem Evangelium gerechtfertigt werden (Z. 25 f.). Auch wenn der „geistliche" Mensch im Glauben von den Irrtümern der alten Lehre befreit ist, muss er als „leiblicher" Mensch Herrschaft und Ungleichheit in der Welt akzeptieren.

M 11, S. 159
Hans-Jürgen Goertz über Müntzer, 1989

Siehe die Erläuterungen zu Aufgabe 15.

Aufgabe 11, S. 159
Siehe die Erläuterungen zu M 9.

Aufgabe 13, S. 159
Siehe die Erläuterungen zu M 10 a, c und d.

Aufgabe 14, S. 159
Siehe die Erläuterungen zu M 10 c, d und e.

Aufgabe 15, S. 159
Der Historiker Goertz referiert die üblichen Interpretationsmuster, mit deren Hilfe Historiker und Theologen Müntzer zu fassen versuchen.
M 10 c zeigt Müntzer als Apokalyptiker, der als Anführer der „Erweckten" das Reich Gottes auf Erden errichten will.
M 10 d kann als Beleg für die marxistische Müntzerinterpretation betrachtet werden, der zufolge sich Müntzers Theologie aus der Analyse sozialer Gegebenheiten, d. h. der Ausbeutung und Manipulation der Armen entwickelt habe. Er wird so zum Repräsentanten der „Klassenkräfte", die auf eine völlige Umgestaltung der Gesellschaft durch die Weiterführung der Reformation drängen.
Nichtmarxistische Interpreten betonen dagegen, dass Glaube und Gesellschaft im 16. Jahrhundert nicht im Sinne des modernen Ideologiebegriffs getrennt werden dürfen.
Siehe auch die Erläuterungen zu M 10 c und d.

Aufgabe 16, S. 159
Es ist problematisch, den modernen, von den Umwälzungen des 18. und 19. Jahrhunderts abgeleiteten Revolutionsbegriff auf die Reformation anzuwenden. Reformation im zeitgenössischen Verständnis hieß Rückkehr zum alten, wahren Glauben. Zudem konnte sich Reflexion über Gesellschaft nur im Medium religiöser Vorstellungen vollziehen.
Die Umsetzung der neuen Lehre mündete freilich in Ereignisse, die man geschichtswissenschaftlich als Systemkonflikt mit revolutionären Zügen zu erfassen sucht. Dazu gehören der Versuch der Bauern, das Evangelium zum Kriterium der weltlichen Ordnung zu machen (M 10 a) und die sozialen und politischen Konflikte in den Städten (M 9). Gemessen am modernen Revolutionsverständnis war Müntzer revolutionär, weil er nicht einen vergangenen Idealzustand wiederherstellen, sondern die Utopie von Gottes Reich auf Erden verwirklichen wollte. Sein von religiöser Radikalität und eschatologischen Erwartungen geprägter Kampf kann aber nicht mit modernen Revolutionsmodellen erklärt werden.
Siehe auch die Erläuterungen zu M 9 bis M 10 e.

Notizen

Arbeitsbereich IV: Das Landeskirchenregiment

M 12 a, S. 159 Brief Martin Luthers an Kurfürst Johann von Sachsen, 1526

In den Reformschriften vor 1521 hatte Luther die weltlichen Obrigkeiten aufgefordert, die Kirche zu reformieren. Im Zeichen des allgemeinen Priestertums aller Gläubigen hatte er aber auch den Gemeinden das Recht zugestanden, sich Pfarrer zur Verkündigung des Evangeliums besorgen zu dürfen. Die oft chaotische Auflösung der alten Kirche und die Wirren des Bauernkrieges führten zur Parteinahme für die Fürsten, denn die Reformation durfte nicht länger dem „gemeinen Mann" überlassen bleiben. Als „Notbischof" sollte der Landesfürst unter Verwendung der Einkünfte der alten Kirche einen festen organisatorischen Rahmen für die neue Kirche und die Schule schaffen.

M 12 b, S. 160 Johann Bugenhagen, Protestantische Kirchenordnung für Hamburg, 1529

Zum Autor: Johann Bugenhagen (1485–1558) war ein enger Mitarbeiter Luthers und der maßgebende Reformator Norddeutschlands.
Zur Quelle: Die Kirchenordnung wurde zusammen mit den Geistlichen vom Rat erarbeitet, eine Mitwirkung der Gemeinde war nicht vorgesehen. Neben dem Gottesdienst regelt sie das Schulwesen, das der Festigung des Glaubens dienen soll, und das Armenwesen. Ein gottgefälliger, sparsamer Lebenswandel wird zur Norm gemacht; die Bürger werden einer strikten, von Kirche und städtischer Obrigkeit ausgeübten Sittenzucht unterworfen.

M 12 c, S. 160 f. Landeskirchenregiment im katholischen Bayern, 1573

Am Ende des 16. Jahrhundert war Bayern das „Musterland" der katholischen Erneuerung. Als oberste Kirchen- und Schulbehörde kontrollierte und disziplinierte der Geistliche Rat die Geistlichen und die Schule. Dazu gehörte auch die strikte Zensur und das Verbot des Imports „ketzerischer" Bücher. In der Praxis unterschieden sich die Funktionen eines protestantischen Landesfürsten als „Notbischof" wenig von den Befugnissen, die die bayerischen Herzöge über die Kirche ihres Landes ausübten; der Geistliche Rat entsprach dem Konsistorium in protestantischen Territorien.

M 12 d, S. 161 Karte: Einführung der Reformation in mitteleuropäischen Territorien

Die Karte zeigt die Verluste der alten Kirche. In der Mitte des 16. Jahrhunderts liegen die bis heute nachwirkenden Grenzen zwischen den Konfessionen fest. Für die habsburgische Vormacht im Reich bedrohlich war das Vordringen des Protestantismus in die Erblande und nach Böhmen, wo er sich mit der ständischen Opposition gegen die katholischen Herrscher verband. Diese Konfliktlage führte 1618 zum Ausbruch des Dreißigjährigen Krieges (Prager Fenstersturz).

Aufgabe 17, S. 161
Siehe die Erläuterungen zu M 12 a.

Aufgabe 18, S. 161
Siehe die Erläuterungen zu M 12 b und c.

Aufgabe 19, S. 161
Durch die Unterstützung und Absicherung innerkirchlicher Reformen gewannen katholische Landesfürsten neue Kompetenzen. In Bayern geschah dies oft in enger Zusammenarbeit mit Rom gegen die eigentlich zuständigen Diözesanbischöfe. Als „Notbischöfe" wurden protestantische Fürsten die Oberhäupter ihr Landeskirchen. Förderung und Schutz der jeweiligen Konfession wurde staatliche Aufgabe. Beide Konfessionen strebten im Einklang mit der weltlichen Herrschaft nach weitgehender Kontrolle und Disziplinierung der Untertanen; insofern sind Konfessionalisierung und Modernisierung im Sinne der Intensivierung weltlicher Herrschaft eng verbundene Phänomene. In protestantischen Territorien übernahm die Kirche bzw. der Staat Besitz und Einkünfte der alten Kirche. Durch die Integration von Grundherrschaften der ehemaligen Klöster in die staatliche Verwaltungsordnung konnte das Territorium oft abgerundet werden. Der Wegfall der alten geistlichen Gerichtsbarkeit, z. B. in Ehesachen, erweiterte die Kompetenzen der landesfürstlichen Jurisdiktion.
Siehe auch die Erläuterungen zu M 12 a bis d.

Arbeitsbereich V: Das Widerstandsrecht bei Luther und Calvin

M13, S. 161 Luthers „Zwei-Reiche-Lehre"

Luthers „Zwei-Reiche-Lehre" teilt die Menschen in zwei Gruppen: Zum Reich Gottes gehören alle wahrhaft Glaubenden (Z. 3). Da sie nach dem Evangelium leben, brauchen sie keine weltliche Zwangsgewalt. Die anderen sind dieser Gewalt, d. h. dem Staat unterworfen, der die von Gott eingesetzte Notordnung zur Wahrung des von Satan und den „Unchristen" bedrohten Friedens ist (Z. 12). Das weltliche Regiment besitzt keine Kompetenz in Glaubensfragen (Z. 25 f.); die Regierung muss aber dafür sorgen, dass das Evangelium verkündet werden kann.

M14, S. 162 Calvin zum Widerstandsrecht, 1536

Zum Autor und zum Hintergrund: Calvin wurde 1509 in Noyon (Nordfrankreich) geboren. Als Student der Rechte lernte er die Schriften der deutschen Reformatoren kennen. Wegen der sich verschärfenden Verfolgung der Protestanten verließ er Frankreich und veröffentlichte die „Institutio christianae religionis" in Basel. Das Werk war König Franz I. von Frankreich gewidmet, den Calvin für die Reformation gewinnen wollte. Das von ihm seit 1541 in Genf aufgebaute Kirchenwesen wurde zum Modell der „calvinistischen" Reformation in Frankreich, in den Niederlanden und in Schottland.
Zur Quelle: Wie Luther geht Calvin vom Dualismus der beiden „Regimente" aus. Der Einzelne hat kein Widerstandsrecht, weil die Obrigkeit von Gott eingesetzt ist (Z. 20 f.) Zur Tyrannis wird eine Obrigkeit, wenn sie gegen Gottes Gebote verstößt, die Rechtsordnung missachtet, sich dem wahren Glauben widersetzt oder ihn bekämpft. Für diesen Fall sieht Calvin zwei Möglichkeiten der Abhilfe vor:
- Gott beruft „öffentliche Erwecker" (Z. 5),
- Ratsgremien (Stände) grenzen die Willkür der Herrschenden ein (Z. 35).

Im Gesamtwerk Calvins sind die Überlegungen zum Widerstandsrecht eher marginal. Unter bestimmten Bedingungen (Frankreich, Niederlande) konnten seine Thesen ständische Widerstandsbewegungen gegen katholische Monarchen motivieren und legitimieren.

Aufgabe 22, S. 162

Siehe die Erläuterungen zu M 13.

Aufgaben 23 und 24, S. 162

Siehe die Erläuterungen zu M 14.

Aufgabe 25, S. 162

Luther geht von der grundsätzlichen Sündhaftigkeit des Menschen als dem „Kampfgebiet" zwischen Gott und Satan aus. In diesem Kampf besitzt der Mensch weder Selbstbestimmung noch Entscheidungsfreiheit (M 13, Z. 65 f.). Deshalb lehnt Luther jeden aktiven Widerstand ab. Ungerechte Herrschaft muss ertragen werden, weil der Staat eine Schöpfung Gottes und Werkzeug seines Zorns ist (M 13, Z. 50 f.). Der Gehorsam gegenüber dem Willen Gottes schließt auch Leidensbereitschaft ein; Widerstand äußert sich letztlich im Erleiden (M 13, Z. 45 und 70 f.).
Zum Widerstandsrecht bei Calvin vgl. die Erläuterungen zu M 14.

Aufgabe 26, S. 163

Das Widerstandsrecht nach Artikel 20, 4 Grundgesetz ist nicht religiös fundiert. Widerstand ist legitim, wenn Versuche unternommen werden, den in Artikel 20 und 79,3 Grundgesetz garantierten „Kern" der Verfassung zu beseitigen.
Widerstand kann sich gegen „jeden" richten, d. h. gegen einen Staatsstreich „von oben" wie auch gegen revolutionäre Kräfte, die einen Staatsstreich „von unten" versuchen.
Widerstand ist nur erlaubt, wenn andere Abhilfe nicht möglich ist, d. h. wenn die Institutionen des Rechtsstaats nicht mehr handlungsfähig sind oder einen Umsturz nicht verhindern wollen.

Notizen

Arbeitsbereich VI: Gegenmaßnahmen der katholischen Kirche

M 15 a, S. 163
Bericht über die Rekatholisierung in Österreich, 1599

M 15 b, S. 163 f.
Denkschrift zur Strategie der katholischen Kirche, 1622

Der Gegenreformation sind zuzurechnen
- die gewaltsame Rekatholisierung ganzer Regionen durch Vertreibung bzw. Inhaftierung von Predigern und Führern der feindlichen Konfession, Zerstörung von Kirchen und Vernichtung „ketzerischer" Literatur (M 15 a);
- Maßnahmen zur Sicherung des katholischen Besitzstandes und zur Festigung des Glaubens in gefährdeten Gebieten (M 15 b);
- Propagierung katholischer Glaubensinhalte durch Einschleusen von Katholiken in protestantische Bildungsinstitutionen und an Höfe protestantischer Herrscher (M 15 b).

Zur katholischen Erneuerung gehörte vor allem der Ausbau des Bildungswesens und die Qualifizierung der Geistlichen.

Aufgabe 28, S. 164
Siehe die Erläuterungen zu M 15 a und b.

Notizen

Arbeitsbereich VII: Familie und Ehe im konfessionellen Zeitalter

M 16 a, S. 165
Petrus Canisius über die Ehe, 1563
Nach katholischem Verständnis ist die Ehe bis heute ein Sakrament und unauflösbar.

M 16 b, S. 165
Johann Calvin über die Ehe, 1559
Im Gegensatz zur alten Kirche wird die Ehe von den Reformatoren dem weltlichen Bereich zugeordnet. Calvin beruft sich dabei auf den Missbrauch der früheren geistlichen Gerichtsbarkeit in Ehesachen.

M 16 c, S. 165 f.
Aus dem protestantischen Katechismus der Kirchenordnung von Kurpfalz, 1563
Im Gegensatz zur alten Kirche wird die Ehe von den Reformatoren dem weltlichen Bereich zugeordnet. Protestantische Katechismen legitimieren die Ehe ähnlich wie die Katholiken durch die Berufung auf den Bund zwischen Christus und der Kirche (M 16 a, Z. 14; M 16 c, Z. 15). Zudem sind Ehe und Familie als „weltliche Ordnungen" in protestantischen Territorien der strikten Kontrolle durch die obrigkeitlichen Sitten- und Zuchtordnungen unterworfen.

M 17, S. 165
Kupferstich, Züchtigung der Frau durch den Ehemann, 17. Jh.
Angemessene körperliche Züchtigung war legitimer Bestandteil der Herrschaftsgewalt, die der Mann als Oberhaupt des „ganzen Hauses" gegen Frau, Kinder und Gesinde üben durfte. Gegen tyrannische, ihre Strafgewalt exzessiv überschreitende Hausväter konnten Frauen und Gesinde vor Gericht klagen und bekamen des Öfteren Recht.

M 18, S. 166
Helga Schnabel-Schüle über Ehe und Konfessionen, 1993
Trotz theologischer Differenzen (M 18, Z. 35 f.) bleibt in allen Konfessionen das Leitbild von Ehe und Familie als patriarchalisch strukturierten Gemeinschaften mit wechselseitigen Verpflichtungen der Gatten be-

stimmend. Die Reformation hat nicht nur die traditionellen Geschlechterrollen bestätigt, sondern auch Verschlechterungen gebracht: Mit der Aufhebung der Klöster verschwanden Bildungs- und Wirkungsmöglichkeiten, die unverheirateten Frauen eine sinnerfüllte Existenz geboten hatten.

M 19, S. 166
Luther über das Zölibat, 1520

Luther bricht mit der Auffassung, dass Ehelosigkeit (Zölibat) den Menschen in einen „heiligeren" Stand versetzt. Die eheliche Gemeinschaft ist eine Grundlage menschlicher Existenz. Um 1500 wurde das Zölibat in weiten Kreisen des Klerus nicht mehr beachtet. Gegen die Entrichtung von Jahresgebühren akzeptierten Bischöfe das Konkubinat ihrer Geistlichen.

M 20, S. 167
Luther über seine Eheschließung mit Katharina von Bora, 1525

Als Motive seiner Eheschließung nennt Luther die Respektierung des Wunsches seines Vaters, der gegen seinen Eintritt ins Kloster gewesen war, sowie die Absicht, seine Lehre durch eigenes Handeln zu bestätigen. Kurz nach dem Bauernkrieg erregte seine Heirat großes Aufsehen. Luther betrachtete sie auch als Zeichen seines Vertrauens zu Gott, der ihm in apokalyptischer Zeit nur noch eine kurze Lebensfrist gewährte (Z. 5 f.).

M 21, S. 167
Gemälde: Lucas Cranach d. Ä., Martin Luther und Katharina von Bora, 1529

Luther wird im Gelehrtentalar dargestellt, seine Frau in der Kleidung einer wohlhabenden Bürgerin. Ehe und Familienleben Luthers folgten der herkömmlichen Rollenverteilung. Katharina von Bora war „Hausfrau" eines schnell größer werdenden Haushalts, zu dem fünf Kinder und einige Verwandte gehörten. Oft weilten zahlreiche Gäste bei Luther, dazu kamen – wie bei Professoren üblich – zahlende Studenten. Die materielle Basis war eng. Der Kurfürst hatte Luther zwar das „Schwarze Kloster" in Wittenberg überlassen, aber sein Professorengehalt war schmal, und er nahm kein Honorar für seine Werke. Zugleich war er Freunden gegenüber freigebig und an den finanziellen und wirtschaftlichen Problemen seines Hauses gänzlich uninteressiert. Für diese Dinge war seine Frau zuständig, die deshalb eine Bierbrauerei betrieb und Baumgüter bewirtschaftete.

Aufgaben 30 und 31, S. 167

Siehe die Erläuterungen zu M 16 a bis c, M 17 und M 18.

Aufgabe 32, S. 167

Siehe die Erläuterungen zu M 19 bis M 21.

Notizen

Arbeitsbereich VIII: „Konfessionalisierung" – Erkenntnisse gewinnen durch Schlüsselbegriffe

M 22, S. 168
Wolfgang Reinhard über „Konfessionalisierung", 2000

Schlüsselbegriffe entstehen durch die Systematisierung von theoretisch oder empirisch gewonnenen Erklärungen. Sie müssen ständig auf ihre Anwendbarkeit hin überprüft werden.
Reinhard unterscheidet sieben Einzelentwicklungen, die den Prozess der Konfessionalisierung kennzeichnen:

1. Schaffung von Glaubensbekenntnissen (Bsp.: M 1).
2. Heranziehung von Multiplikatoren (Bsp.: M 12 a und c).
3. Sicherung der jeweiligen konfessionellen Lehre durch Wort und Schrift (Bsp.: M 12 a bis c; M 15 b).
4. Aufbau konfessioneller Bildungssysteme (Bsp.: M 12 a bis c; M 15 b).
5. Aufbau von Kontrollverfahren zur Sicherung der konfessionellen Reinheit (Bsp.: M 12 b).
6. Zentrale Kontrolle und Reglementierung der Riten (Bsp.: M 3; M 8).
7. Vorgaben zur Sprachregelung (kein Bsp.).

Aufgabe 34, S. 168
Siehe die Erläuterungen zu M 22.

Notizen

Kapitel 8: „Knowledge is Power!" – Technik und Naturwissenschaften im 16. und 17. Jahrhundert

Hinweise zur Arbeit mit den Materialien
Siehe den Kasten im Schülerband S. 175.

M 1, S. 171
Foto: Forschungsinstrumente des Galileo Galilei

Vgl. hierzu M 11.

Notizen

Arbeitsbereich I: Neues Wissen und neues Weltbild

M 4, S. 175
Geschichtsdarstellung, 2000

Die Theologie des hohen Mittelalters versuchte, Glauben und Philosophie in einem einheitlichen System zusammenzufassen. Durch Kontakte mit der hoch entwickelten islamischen Wissenschaft in Spanien und Sizilien lernte die westliche Christenheit im 12. und 13. Jahrhundert die naturphilosophischen Schriften des Aristoteles kennen. Sie wurden bis zur Renaissance grundlegend für das Welt- und Naturverständnis.
Siehe auch die Erläuterungen zu M 8 und M 9.

M 5, S. 175 f.
Leonardo da Vinci in seinen Tagebüchern, 1508

Für Leonardo ist Erfahrung, d. h. Beobachtung und Experiment, Grundlage der Naturerkenntnis. Erfahrung und Wissen lösen sich aus dem umfassenden Zusammenhang der philosophisch-theologischen Systeme. Damit entfällt auch die mittelalterliche Scheidung zwischen Technik und Wissenschaft. Leonardo ist überzeugt, dass die Welt nach mathematisch-geometrischen Prinzipien aufgebaut ist. Die Mathematik wird zum Ordnungs- und Erkenntnisprinzip des Forschers.
Siehe auch die Erläuterungen zu M 10.

M 7, S. 176
Zeichnung: Konstruktionsskizzen von Leonardo da Vinci (1452–1519)

Als „Künstleringenieur" trennt Leonardo nicht zwischen Naturforschung, Technik und Kunst (vgl. S. 170) und verbindet theoretisches Wissen mit der bislang gering geschätzten handwerklich-technischen Praxis. Sein Ziel ist es, handwerkliche Arbeit zu mechanisieren und neue Energie- und Antriebsformen zu finden.

M 8, S. 177
Buchmalerei: Aristotelisch-mittelalterliches Weltbild, 1493

Der Holzschnitt zeigt das „geschlossene" Weltbild des Mittelalters. Zentrum des Universums ist die Erde mit den Sphären des Wassers und der Luft. Die Feuersphäre trennt die unbewegte Erde von den Himmelssphären. Innerhalb des Firmaments bewegen sich die Planeten und die Sonne auf ihren in die kristallenen Sphärenkugeln eingelassenen Bahnen. Auf der äußersten Sphäre befinden sich die Fixsterne. Umschlossen ist das System von der Sphäre des „ersten Bewegers" („primum mobile", d. h. Gott), der das ganze System in Harmonie hält.
Außerhalb dieses Systems liegt das Himmelreich, dessen Angehörige wie die Menschen auf der Erde in drei Stände eingeteilt sind. Gott thront auf seiner Sphäre inmitten der Engel. Die Liste links nennt die Rangfolge der Engel, beginnend mit den Seraphim, Cherubim und den „Thronengeln". Sie tragen die Amtsgewänder hoher Kirchenfürsten. Unter ihnen stehen die „Herrschengel" und „Fürstenengel". Sie regieren die himmlischen Heerscharen und sind zuständig für die Obrigkeiten auf der Erde. Als Zeichen ihres Ranges tragen sie Kronen, Szepter und Reichsäpfel. Zu den unteren Rängen gehören die „Kraftengel" und die „Erzengel" und alle übrigen Engel. Sie bewirken Wunder, verkünden den Menschen den Willen Gottes und kämpfen gegen die Teufel, denen Schedel in der Tradition des Papstes Gregor d. Gr. den Teil der irdischen Luftsphäre als Wohnstätte zuweist, in dem Hagel, Schnee und Stürme entstehen. In den vier Bildecken: die Haupthimmelsrichtungen.

M 9, S. 178
Buchmalerei: Weltbild nach Nikolaus Kopernikus, 1660

Überschrift: „Planispherium copernicanum oder System des gesamten Universums nach der Hypothese des Kopernikus".
Im Mittelpunkt steht die Sonne, um die die Planeten kreisen, unter ihnen die Erde mit dem Mond. Religiöse Bezüge fehlen ganz. In den unteren Ecken sind ein Astronom/Mathematiker und ein Geograf als Vertreter der neuen messenden und berechnenden Wissenschaften dargestellt.

Aufgabe 2, S. 174
Die „Wissenschaftliche Revolution" der frühen Neuzeit ersetzte das geozentrische durch das heliozentrische Weltbild (vgl. M 8 und M 9) und legte die Grundlagen für die Entwicklung der modernen Naturwissenschaften und der Medizin. Das neue Wissen entstand durch Beobachtung, Messung und Experiment und stützte sich auf die Mathematik als neue Leitwissenschaft.

Aufgaben 5, 8 und 9, S. 176 f.
Siehe die Erläuterungen zu M 4, M 8 und M 9.

Aufgaben 6 und 7, S. 176
Siehe die Erläuterungen zu M 5 und M 7.

Notizen

Arbeitsbereich II: Der Fall Galileo Galilei

M10, S. 178–180
Friedrich Klemm über die Forschungen Galileis, 1982

Die neue Forschungsweise beruht auf der Aufteilung komplexer Phänomene in ihre einzelnen Bestandteile, auf Experiment und genauer Beobachtung. Der Wissenschaftler abstrahiert von Nebenbedingungen und versucht, die Ergebnisse seiner Forschungen mathematisch darzustellen. Galileis Weg wurde zur Grundlage der modernen Physik. Seine Gedankenexperimente begründen die Induktion als Forschungsmethode, die seit Newton allgemein angewendet wird. Aus der so gewonnenen Theorie können beliebige Einzelfälle abgeleitet, d. h. deduziert werden. Die Gegenstände der Physik Galileis – z. B. die Erforschung des Falles und seiner Gesetze – entsprechen nicht dem Sinneseindruck, den der Mensch – aristotelisch verstanden – erfährt. Durch die Abstraktion wird der Forschungsgegenstand aber der mathematischen Behandlung zugänglich.
Wie die meisten Gelehrten der Renaissance ist Galilei Anhänger des christlichen Neuplatonismus. Im Gegensatz zu Platon, der die physische Welt nur als unvollkommenes Abbild der Ideenwelt reiner mathematischer Formen betrachtete, besteht der Kosmos für Galilei aus mathematischen Idealgebilden. Er glaubt, dass der Mensch die mathematische Struktur dieses von Gott geschaffenen Kunstwerks erkennen und verstehen kann. Somit wird die Mathematik Grundlage der Naturwissenschaften und zur Leitwissenschaft der Moderne.

M11, S. 179
Foto: Galileis Arbeitsraum, Rekonstruktion, 1982

Neben der Fallrinne stehen ein Erd- und ein Himmelsglobus, links Eimer und Becken zur Messung der Fallgeschwindigkeit. Auf dem Tisch sind ein Fernrohr und Geräte für Pendelexperimente zu erkennen (siehe auch M 1).

M13, S. 180
Brief Galileis an Kepler, 1610

Die „alte" Wissenschaft beruft sich auf die Tradition, in diesem Fall auf das kirchlich sanktionierte aristotelische Weltbild. Galilei benutzt zur Forschung technische Hilfsmittel wie das Fernrohr. Seine Verwendung setzt ebenso wie der Einsatz anderer Apparate die Überwindung der traditionellen Vorbehalte gegen die „Überlistung" der Natur durch technische Hilfsmittel voraus (vgl. Darstellung S. 170). Hinter dem Widerstand der Aristoteliker gegen die Einführung des Teleskops in die Astronomie stehen nicht nur die Borniertheit von Fortschrittsfeinden, sondern auch Zweifel an der Legitimität der Technik. Der Hinweis auf Heraklit und Demokrit (Z. 1) hat keinen wissenschaftsgeschichtlichen Bezug. In der Renaissance galt Heraklit als der weinende, Demokrit als der lachende Philosoph. Galilei weiß nicht, ob er über seine Kollegen lachen oder weinen soll.

M14, S. 181
Brief Kardinal Bellarmins an Foscarini, ca. 1615

Die Kirche reagierte hart, wenn gegen grundlegende Dogmen verstoßen wurde, wie es der Pantheist Giordano Bruno getan hatte. Derartiges konnte den Vertretern der „neuen" Wissenschaft nicht vorgeworfen werden. Anlass für ihre Konflikte mit der Kirche war der Widerspruch zwischen dem heliozentrischen Weltbild und Bibelstellen wie Jos. 10, 12 f., die auf die Unbewegtheit der Erde und die Drehung der Sonne um die Erde hinzuweisen schienen. Diese Aussagen der Bibel waren bislang nicht als dogmatische Wahrheiten betrachtet worden. Im 16. Jahrhundert war es aber auch nicht möglich, kinematisch die Gültigkeit des heliozentrischen oder des geozentrischen Weltbilds nachzuweisen.
Angesichts dieser Situation und der Unklarheit der Beschlüsse des Konzils von Trient (vgl. Erläuterungen zu M 16) versuchte die Kirche einen Mittelweg zu gehen. Die kopernikanische These durfte als mathematische Hypothese diskutiert werden, Aussagen über das kirchlich sanktionierte aristotelische Weltbild durften daraus aber nicht abgeleitet werden. Das damals noch nicht beweisbare heliozentrische System setzte sich aber als Stimulans der wissenschaftlichen Entwicklung durch.

M15, S. 181 f.
Brief Galileis an die Großherzogin von Toskana, 1615

Um Widersprüche zwischen naturwissenschaftlichen Erkenntnissen und Glaubensinhalten zu vermeiden, wendet sich Galilei gegen die wörtliche Auslegung der Bibel, deren Sprache dem Verständnisvermögen des ungebildeten Volkes angepasst ist (Z. 35 f.). Ferner bestreitet er den Anspruch der Theologie, Leitwissenschaft zu sein, der sich alle anderen Disziplinen unterzuordnen hätten (Z. 65 f.) und plädiert für eine Trennung der Kompetenzbereiche. Wegen der „Erhabenheit" ihres Gegenstandes gesteht er der Theologie eine herausgehobene Rolle zu; ein Herrschaftsanspruch darf daraus nicht abgeleitet werden.

M 16, S. 183 f.
Wissenschaftliche Positionen zur Verurteilung Galileis, 2000

Die moderne Galileiforschung gewichtet die vier Positionen in unterschiedlicher Weise. Wissenschaftshistoriker heben z. B. hervor, dass der Neuplatonismus der Renaissance der eigentliche Grund des Konflikts gewesen sei: Die Vertreter der „neuen" Wissenschaft glaubten, mithilfe der Mathematik Gottes Willen in der Schöpfung nicht nur erkennen, sondern auch nachvollziehen zu können. Diese Aufwertung menschlicher Fähigkeiten wurde als Angriff auf die Autorität der Kirche betrachtet. Sie hielt also den Anspruch der „neuen" Wissenschaft auf die Erkenntnis der Wahrheit für gefährlicher als die eigentlichen Inhalte. Im Grunde ging es also darum, wem die Erkenntniskompetenz zustehen sollte. Zudem zeigte die Auseinandersetzung um das kopernikanische Weltbild, dass die Beschlüsse des Konzils von Trient über die Auslegung der Bibel nicht ausreichten. 1546 hatte das Konzil gegen die Reformation festgesetzt, dass nicht subjektiver Glaube, sondern nur Tradition und Autorität der Kirche das richtige Verständnis der Bibel garantierten. Interpretationen, die im Gegensatz zu den Aussagen der Kirchenväter und der Lehrtradition stünden, seien verwerflich. Die Vertreter des „alten" Weltbildes schlossen daraus, dass jede Auslegung der Bibel eine dogmatisch verpflichtende Aussage sei, wenn sie sich auf diese Grundlage stützen könne. Galilei betrachtete dies als eine unzulässige Erweiterung des Trientiner Beschlusses, weil naturwissenschaftliche Behauptungen von Konzilsentscheidungen nicht betroffen und die Kirchenväter überhaupt nie mit dem Problem eines neuen Weltbilds konfrontiert gewesen seien.

M 17, S. 183
Gemälde: Galilei vor Gericht, 1847

Das Bild ist Beleg für die im 19. Jahrhundert einsetzende Heroisierung Galileis als des Gelehrten, der der Moderne zum Durchbruch verholfen hat. Der herrisch auftretende Kirchenfürst und der Folterknecht der Inquisition erzwingen den Widerruf, den Galilei wider besseres Wissen leistet.

M 18, S. 184
Roy Porter über Erklärungsansätze zur wissenschaftlichen Revolution, 1996

Porter referiert die im 20. Jahrhundert entwickelten Erklärungsansätze. Demnach war die „wissenschaftliche Revolution"
- Ergebnis wirtschaftlicher und gesellschaftlicher Wandlungen und Voraussetzung für den Durchbruch der bürgerlich-kapitalistischen Gesellschaft,
- Ergebnis des durch die Reformation eingeleiteten „Modernisierungsschubs",
- Ergebnis der ersten „Medienrevolution" durch den Buchdruck,
- die individuelle Leistung großer Gelehrter.

M 19, S. 185
Monika Weiner über die Folgen des wissenschaftlichen Fortschritts in der frühen Neuzeit, 2000

In allzu pointierter Weise datiert die Verfasserin den Beginn der Moderne, d. h. die Trennung von Glauben und Wissenschaft, auf das Verfahren gegen Galilei. Tatsächlich verlief der Emanzipationsprozess in den verschiedenen Fachgebieten unterschiedlich schnell. Im 17. Jahrhundert entzogen sich die Naturwissenschaftler dem Autoritätsanspruch der Theologie, indem sie ihre Forschungen in die neuen wissenschaftlichen Akademien verlegten (vgl. Darstellung S. 172). Dabei profitierten sie vom Interesse des absolutistisch-merkantilistischen Staates an praxisorientierter Wissenschaft. Erst mit der Aufklärung setzte sich das moderne Wissenschaftsverständnis durch: Ziel der Wissenschaft ist es, die Welt rational zu verstehen und den Menschen zu nützlichem und vernünftigen Handeln zu befähigen.

M 20, S. 186
Aus dem Widerruf des Galileo Galilei, 1633

Konfrontiert mit dem Vorwurf der Ketzerei gesteht Galilei, dass er mit dem „Dialog über die beiden hauptsächlichen Weltsysteme" gegen frühere Absprachen verstoßen hat (vgl. M 6).

Er distanziert sich vom kopernikanischen Weltbild und unterwirft sich der Lehrkompetenz und der Strafgewalt der Kirche.

Aufgaben 10, 11 und 13, S.180
Siehe die Erläuterungen zu M 10 bis M 12.

Aufgabe 12, S. 180
Auch Historiker erarbeiten Ordnungskriterien und Erklärungsmodelle, um aus Ereignissen, Sachverhalten und Veränderungen in der Vergangenheit generelle Strukturen ableiten zu können. Eine derartige Modellvorstellung ist z. B. die marxistische Konzeption der Geschichte als einer Abfolge von Klassenkämpfen. Geschichts- und gesellschaftswissenschaftliche Modelle schaffen die theoretischen Grundlagen für die Einordnung und Interpretation der überlieferten Quellen. Da sie immer vom Geschichts- und Gesellschaftsverständnis der Forschenden und ihrer Zeit geprägt sind, müssen sie ständig überprüft werden. Im Gegensatz zu den Naturwissenschaften besitzen die Geisteswissenschaften keine „objektive" Erkenntnismethode wie die Mathematik.

Aufgabe 15, S. 183
Siehe die Erläuterungen zu M 13.

Aufgabe 16, S. 183
Siehe die Erläuterungen zu M 14.

Aufgabe 18, S. 183
Siehe die Erläuterungen zu M 15.

Aufgabe 19, S. 184
Siehe die Erläuterungen zu M 16.

Aufgabe 21, S. 184
Siehe die Erläuterungen zu M 17.

Aufgabe 22, S. 185
Siehe die Erläuterungen zu M 18.

Aufgabe 24, S. 185
Siehe die Erläuterungen zu M 19.

Aufgabe 29, S. 186
Siehe die Erläuterungen zu M 20.

Aufgaben 30 und 31, S. 186
Siehe die Erläuterungen zu M 16, M 18 und M 19.

Arbeitsbereich III: Außereuropäischer Vergleich: China – ein abgebrochener Weg in die Moderne?

M 21, S. 187–189
Dieter Kuhn über Wissenschaften und Technik in China, 1988

M 22, S. 187
Bild: Chinesen beim Drucken mit beweglichen Lettern, um 1300

Der Text zeigt, dass einige der technischen Entwicklungen, die in Europa den Durchbruch zur Moderne ermöglicht haben (Buchdruck als Grundlage der generellen Alphabetisierung und der Verbreitung des Wissens, der Kompass als Voraussetzung für die überseeische Expansion, Schießpulver und Feuerwaffen als Basis gesellschaftlich-politischer Veränderungen) in China schon lange bekannt waren. Der Schaufelradantrieb für Schiffe wurde in Europa erst in Verbindung mit der Dampfmaschine eingesetzt, und erst die englischen Spinnmaschinen des 18. Jahrhunderts arbeiteten ähnlich effizient wie die chinesischen. Umstritten ist, warum China trotz technischer Höchstleistungen keinen der europäischen Entwicklung vergleichbaren Modernisierungsschub erlebt hat. Verwiesen wird auf andersartige religiöse Traditionen (Konfuzianismus, Taoismus), auf unterschiedliche gesellschaftliche Strukturen und das damit zusammenhängende Fehlen des westlichen Konkurrenz- und Individualprinzips wie auch auf die seit dem 16./17. Jahrhundert für Europa typische Verbindung von naturwissenschaftlicher Forschung und technischer Umsetzung.

M 23 a, S. 189
Michael Jeismann über China und Europa, 2000

Das „Gedankenexperiment" des Verfassers unterstreicht die Singularität der (west)-europäischen Entwicklung, die sowohl auf gemeinsamen Grundlagen (römischem Recht, christlichem Glauben, gesellschaftlichen Strukturen) wie auf der Integration unterschiedlicher Traditionen (Christentum und Wissenschaft und Philosophie der Antike) beruht. Zudem hat auch die aus der politischen Vielgestaltigkeit resultierende Mächtekonkurrenz die „Modernisierung" gefördert.

M 23 b, S. 189
Max Weber, Protestantische Ethik, 1904/05

Weber geht vom kausalen Zusammenhang der neuen rationalen Wirtschaftsgesinnung und Formen des asketischen Protestantismus (Calvinismus) aus. Die Entwicklung von Naturwissenschaft und Technik trägt zur „Rationalisierung" der Welt bei. Der nordwesteuropäische Protestantismus des 17. und 18. Jahrhunderts betrachtet die neue Naturphilosophie nicht wie der Katholizismus als Widerspruch zu Glaubenswerten. Religiös legitimierter wirtschaftlicher Erfolg beruht auch auf der Förderung von Wissenschaft und Technik.

Aufgabe 33, S. 189
Siehe die Erläuterungen zu M 21 und M 22.

Aufgabe 34, S. 189
Siehe die Erläuterungen zu M 23 a und b.

Notizen

Notizen

Notizen

Notizen

Notizen

Notizen